Nachhaltigkeit in Unternehmen

Ökologische, soziale und ökonomische Strategien

Bibliografische Information der Deutschen Nationalbibliothek:

Die Deutsche Nationalbibliothek verzeichnet diese Publikation in der Deutschen Nationalbibliografie; detaillierte bibliografische Daten sind im Internet über http://dnb.d-nb.de abrufbar.

Impressum:

Copyright © Studylab 2021

Ein Imprint der GRIN Publishing GmbH, München

Druck und Bindung: Books on Demand GmbH, Norderstedt, Germany

Coverbild: GRIN Publishing GmbH | Freepik.com | Flaticon.com | ei8htz

Inhaltsverzeichnis

1 Einleitung

1.1 Bedeutung des Themas

Kaum ein Thema erhitzt die Gemüter auf der ganzen Welt so sehr, wie das Thema Umwelt. Stichworte wie Klimaschutz, Ressourceneffizienz oder CO_2-Emission dominieren die Schlagzeilen der Medien. In einer Zeit, in der Schüler und Studenten die Schule schwänzen, um sich im Rahmen der *„Fridays for Future"* für den Klimaschutz einzusetzen, in der die Brände im Amazonas-Regenwald eine politische Debatte auslösen und Deutschland seine Klimaziele für 2020 verfehlt, spielt der Begriff Nachhaltigkeit eine größere Rolle als je zuvor. Aus den aktuellen Umweltproblemen erwächst eine zunehmende politische und unternehmerische Verantwortung und Verpflichtung, nachhaltig zu wirtschaften und zu planen. In nahezu allen Lebensbereichen spielt das Thema Nachhaltigkeit eine immer größer werdende Rolle, welche inzwischen auch das Handeln von Unternehmen erfasst hat und zunehmend beeinflusst.

Vor diesem Hintergrund wird Nachhaltigkeit zunehmend zu einem unverzichtbaren Bestandteil der strategischen Ausrichtung von Unternehmen. Die Schwierigkeit in Unternehmen ergibt sich darin, die drei Zieldimensionen der Nachhaltigkeit, Ökonomie, Ökologie und Soziales, in Einklang zu bringen. Erst das Zusammenspiel aus allen drei Dimensionen charakterisiert eine nachhaltige Strategie.

1.2 Ziele und Untersuchungsmethodik

Zielsetzung der Arbeit ist es, den Begriff der Nachhaltigkeit sowie den Begriff der Unternehmensstrategie zu definieren und einen Zusammenhang herzustellen. Die Nachhaltigkeitsstrategien werden systematisch typisiert und kritisch durchleuchtet.

Um die Aktualität der Thematik hervorzuheben und den Bogen zur Praxis zu schlagen, werden zahlreiche Beispiele aus der Wirtschaft dargelegt. Abschließend wird die Nachhaltigkeitsstrategie des Unternehmens Henkel dargestellt und analysiert.

Im Rahmen dieser Bachelorarbeit werden unterschiedliche Ansätze für nachhaltige Unternehmensstrategien dargestellt. Der Hauptbestandteil der Untersuchungsmethode besteht aus umfänglicher literaturbasierter Recherche in Fachzeitschriften und Fachliteratur, sowie den Nachhaltigkeitsstrategien und -berichten unterschiedlicher Unternehmen.

Der Aufbau der vorliegenden Arbeit beginnt mit einer Definition der zentralen Begriffe der Thematik. So werden im folgenden Kapitel Nachhaltigkeit und Unternehmensstrategie definiert und anschließend der Zusammenhang beschrieben.

Die erste Kategorisierung erfolgt anhand der ökologischen und sozialen Zieldimension der Nachhaltigkeit, welche im zweiten Kapitel ausgeführt werden. Die unterschiedlichen Strategieansätze werden beschrieben und auf ihre Vereinbarkeit mit den Grundsätzen der Nachhaltigkeit überprüft. Anschließend werden verschiedene Typologien von Nachhaltigkeitsstrategien, sowie die Konkretisierung der Zieldimensionen und der Prozess der nachhaltig-keitsorientierten Strategieentwicklung aufgezeigt. Die darauffolgenden Kapitel runden die Arbeit ab:

Im vierten Kapitel wird der Bogen zur Praxis geschlagen, indem die Unternehmensstrategie sowie die Nachhaltigkeitsstrategie des Unternehmens Henkel genauer dargestellt und analysiert werden. Aufgrund der praktischen Ausrichtung der Thematik werden zusätzlich in jedem Kapitel Beispiele aus der Wirtschaft dargelegt. Dies erfolgt überwiegend anhand der Nachhaltigkeits-berichte der Unternehmen. Hierfür werden bewusst international agierende Unternehmen aus unterschiedlichen Branchen ausgewählt, um die Globalität und Vielfältigkeit von Nachhaltigkeit zu betonen. Abschließend gibt das letzte Kapitel eine Zukunftsaussicht, sowie eine abrundende Zusammenfassung.

Der Begriff Nachhaltigkeitsstrategie wird im Folgenden unter der Annahme verwendet, dass diese elementar in die Unternehmensprozesse eingebunden wird und somit einer gesamtheitlichen nachhaltigkeitsorientierten Unternehmens-strategie zugrunde liegt. Diese Annahme muss bei der Analyse der Strategie von Henkel überprüft werden.

2 Begriffe

2.1 Nachhaltigkeit

2.1.1 Definition

Bis heute fehlt ein einheitliches Verständnis des aktuell sehr populären Begriffes der Nachhaltigkeit, der täglich die Titel von Zeitungen schmückt. Umso wichtiger ist es, sich zu fragen: Was bedeutet eigentlich Nachhaltigkeit?

Das heutige Grundverständnis von Nachhaltigkeit basiert weitestgehend auf dem Brundtland-Report, in dem die World Commission on Economic Development (WCED) eine nachhaltige Entwicklung wie folgt definierte:

> „Sustainable Development meets the needs of the present without compromising the ability of future generations to meet their own needs".[1]

Nachhaltigkeit wird hier als eine Entwicklung definiert, die gewährt, dass künftige Generationen nicht schlechter gestellt sind ihre Bedürfnisse zu befriedigen als gegenwärtig lebende Generationen. Laut dieser Definition wird Nachhaltigkeit als eine Art Entwicklung beschrieben, die sowohl Auswirkungen auf die Gegenwart als auch auf die Zukunft hat. Die Grundproblematik bezüglich der Erzielung von Nachhaltigkeit ist der hohe, stetig steigende Ressourcenverbrauch bei einem gleichzeitig begrenzten Vorhandensein von Ressourcen.[2]

2.1.2 Triple-Bottom-Line-Ansatz

Der Nachhaltigkeitsbegriff wird oft einseitig auf den Umweltgedanken (Ökologie) beschränkt, obwohl dieser nur einen Teil der Nachhaltigkeit umfasst. Die EU formulierte schon 1997 mit ihrem Vertrag von Amsterdam drei Säulen der Nachhaltigkeit: soziale, ökonomische und ökologische Nachhaltigkeit.[3] Dieses Verständnis birgt jedoch wiederum ein hohes Konfliktpotential, da es auf eine Gleichberechtigung und -gewichtung der Säulen schließen lässt. Ökologie und Soziales sind demzufolge auf einer hierarchischen Ebene mit der Ökonomie-Dimension angeordnet.

Hier setzt der von John Elkington geprägte traditionelle Triple-Bottom-Line-Ansatz an. Die Eingliederung der Dimensionen Ökonomie und Soziales begründet Elkington damit, dass die Herstellung einer ökologischen Nachhaltigkeit nur durch

---

[1] United Nations, 1987, S.15

[2] Bundesministerium für Umwelt, Naturschutz und nukleare Sicherheit, 2020

[3] Europäisches Parlament, 1997

den Erhalt der ökonomischen Leistungsfähigkeit gewährleistet werden kann, was wiederum nur in einem sozial stabilen System möglich sei.[4] Da das Paradigma der Nachhaltigkeit aufgrund von komplexen Zusammenhängen zwischen den drei Dimensionen meist nicht gleichzeitig erreicht werden kann, müssen die Dimensionen integrativ behandelt werden.

Einen alternativen Lösungsansatz stellt der ökonomische Triple-Bottom-Line-Ansatz dar. Dieser modifiziert das traditionelle Verständnis: Statt der Gleichgewichtung wird die Dimension Ökonomie übergeordnet definiert. Soziale und ökologische Aspekte werden lediglich berücksichtigt, wenn sie gleichzeitig einen ökonomischen Mehrwert hervorrufen. Die Zieldimension der Ökonomie tritt hier hierarchisch über die anderen Zieldimensionen, wie in Abbildung 1 zu sehen ist. Berücksichtigt werden müssen allerdings nicht nur direkt finanzielle Effekte, sondern auch ökonomische Effekte, die beispielsweise durch sozial-dimensional strategische Maßnahmen eine gesteigerte Reputation hervorrufen.

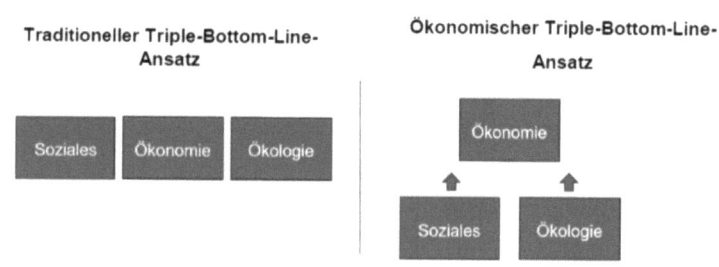

Abbildung 1: Der traditionelle und der ökonomische Triple-Bottom-Line-Ansatz[5]

Demnach schafft nicht die Zusammenführung der drei Säulen, sondern die Entwicklung einer dreidimensionalen Perspektive echte Nachhaltigkeit. Nachhaltigkeit im betriebswirtschaftlichen Sinne bezieht sich folglich stehts auf die sozialen und ökologischen Aspekte, welche Wettbewerbsfähigkeit und Markterfolg beeinflussen.[6]

---

[4] Weber et al., 2012, S.17
[5] Weber et al., 2012, S.17
[6] Schaltegger et al., 2012, S.97-98

2.1.3 Unternehmerische Nachhaltigkeit

Nachhaltigkeitsherausforderungen gewinnen aufgrund regulatorischer, das heißt gesetzlicher Rahmenbedingungen, an Wettbewerbsrelevanz für Unternehmen, und setzen diese zunehmend unter Handlungsdruck. Unternehmerische Nachhaltigkeit, welche im Englischen mit dem Begriff „corporate sustainability" (Abkürzung: CS) oder „corporate social responsibility" (Abkürzung: CSR) übersetzt wird, bezieht sich auf die Aktivitäten eines Unternehmens und die Einbeziehung sozialer und ökologischer Aspekte in den Geschäftsbetrieb und die Interaktionen mit den „Stakeholdern" (Akteuren, Handlungsbeteiligten). Diese weit verbreitete, vage Formulierung lässt allerdings Spielraum für Interpretationen, weshalb die Aussage von Jaques Schraven, dem Vorsitzenden des niederländischen Arbeitgeberverbandes VNONVW, die Individualität von CS gut beschreibt: „there is no standard recipe: corporate sustainability is a custom made process".[7] Jedes Unternehmen sollte eigene spezifische Ansätze und Ambitionen in Bezug auf unternehmerische Nachhaltigkeit auswählen, die den Anforderungen des Unternehmens entsprechen. Für eine erfolgreiche Umsetzung und Realisierung unternehmerischer Nachhaltigkeitsziele bedarf es

a) Der Implementierung von Nachhaltigkeitsgrundsätzen im Rahmen der Unternehmensstrategie oder

b) Einer expliziten Nachhaltigkeitsstrategie als solches.

Um diesen Zusammenhang im Hauptteil der Arbeit genauer analysieren zu können, werden im Folgenden begriffliche Grundlagen der Unternehmensstrategie vermittelt. Es ist augenfällig, dass Unternehmen heutzutage diesbezüglich eine bedeutende Rolle zukommt. Aufgrund Größe und Einfluss von Unternehmen, müssen Sie ein Teil der Lösung und nicht mehr nur ein Teil des Problems sein.

2.2 Unternehmensstrategie

2.2.1 Definition

Der Strategiebegriff gilt als einer der zentralen Begriffe des modernen Managements, für den verschiedene Definitionsansätze existieren. Die Herkunft des Begriffes geht etymologisch auf das griechische Wort „strategos" zurück, welches den Heerführer oder Kommandeur einer Armee bezeichnet.[8] Im unternehmerischen Kontext ist eine der vorherrschenden Definitionen wie

---

[7] Van Marrewijk, M., 2003, S.95
[8] Zweifel et. al, 2016, S.25

folgt:„Strategy is the direction and scope of an organization over the long term, which achieves advantage in a changing environment through its configuration of resources and competences with the aim of fulfilling stakeholder expectations"[9]. Strategien bestimmen demnach die geschäftliche Ausrichtung eines Unternehmens, indem Sie die langfristigen Geschäftsziele definieren und festlegen, wie und in welchen Märkten sich das Unternehmen positionieren soll. Um eine erfolgreiche Strategie zu entwickeln, müssen Unternehmen sich die Frage stellen, wie sich das Unternehmen in diesen definierten Märkten besser behaupten kann als der Wettbewerb und welche Ressourcen dafür erforderlich sind. Auch Porter betont in seiner Definition des Strategiebegriffs die Relevanz der Einbeziehung der Konkurrenz bei der für die Strategieentwicklung erforderlichen Betrachtung und Analyse des eigenen Unternehmens: „Competitive strategy is about being different. It means deliberately choosing a different set of activities to deliver a unique mix of value."[10]

Zusammenfassend lässt sich Strategie als ein zielorientiertes, ganzheitliches Vorgehen beschreiben.

2.2.2 Strategische Nachhaltigkeit

Um die Rolle von nachhaltigkeitsorientierten Strategien im unternehmerischen Handeln einordnen zu können, wurde bereits der Strategiebegriff im Unternehmenskontext definiert. Wie kann Nachhaltigkeit nun aber strategisch sein?

Strategische Nachhaltigkeit zeichnet sich folgendermaßen aus:

- elementarer Bestandteil der Unternehmensstrategie und
- steht in keiner konfliktären Beziehung zu den weiteren Strategieelementen.

Wenn Unternehmen eine eigene Nachhaltigkeitsstrategie definiert haben, ist die Vereinbarkeit mit der Unternehmensstrategie zu überprüfen. Derzeitig stellt es für Unternehmen noch oft eine Herausforderung dar, Nachhaltigkeit im Unternehmen strategisch anzugehen. Häufig werden Nachhaltigkeitsziele nicht strategisch verfolgt und somit die positiven Auswirkungen auf das Unternehmen und die Umwelt nur gering abgeschöpft. Im strategischen Kontext kommt der Konkretisierung durch Maßnahmen und der Messbarkeit der definierten Ziele eine große Bedeutung zu, um überprüfen zu können wie wirksam die Maßnahmen sind.

---

[9] Johnson et. al, 2008, S.3
[10] Porter, M.E., 1996, S.60

6

Eine Orientierungsmöglichkeit für Unternehmen sind die sogenannten „*17 Sustainable Development Goals*", kurz SDG. Diese Ziele für nachhaltige Entwicklung gelten für alle Staaten der UN und traten am 1. Januar 2016 für eine Laufzeit von 15 Jahren in Kraft[11], und können als Leitlinien für Nachhaltigkeitsziele dienen, welche vorerst strategisch analysiert werden müssen. Hier gilt es Schwerpunkte auf besonders relevante Themenbereiche und spezifisch signifikante Ziele zu setzen, die komplementär mit der strategischen Ausrichtung des Unternehmens sind. Ohne eine Schwerpunktsetzung der Ziele, und daraus folgend der Unternehmensstrategie, ist die Gefahr am Ende „zwischen den Stühlen zu stehen" sehr hoch. Laut Porter erwirtschaften diese Unternehmen in der Regel viel geringere Erträge als Wettbewerber, die einen klaren Strategietyp verfolgen.[12] Dieser Kerngedanke lässt sich auch auf nachhaltigkeitsorientierte Unternehmensstrategien und Nachhaltigkeitsstrategien übertragen. Sie benötigen eine klare Richtung, um Wettbewerbsvorteile zu schaffen und diese auch zu behaupten. Um das von Unternehmen ausgehende Potential der effektiven Bewältigung von Nachhaltigkeitsproblemen maximal auszuschöpfen, sollten Nachhaltigkeitsziele von Unternehmen an die wichtigsten Herausforderungen der Gesellschaft, welche im Leitbild der Vereinten Nationen für nachhaltige Entwicklung enthalten sind, gekoppelt werden.

---

[11] United Nations, 2019

[12] Porter, M. E., 1986, S.40

3 Darstellung, Analyse und Beispiele bestehender Ansätze unternehmerischer Nachhaltigkeitsstrategien

3.1 Festlegung der Nachhaltigkeitsstrategie

Zunächst bedarf es einer genauen Analyse der Bedeutung von Nachhaltigkeit für das Unternehmen auf Marktpotenzial- und Leistungserstellungsseite. Sobald Unternehmen die grundsätzliche Bedeutung von Nachhaltigkeit erkannt und den internen Stellenwert analysiert haben, ist diese systematisch durch eine Nachhaltigkeitsstrategie im Unternehmen umzusetzen.

Zentrale Aufgabe bei der Festlegung der Nachhaltigkeitsstrategie ist die Konkretisierung des ökonomischen Triple-Bottom-Line-Ansatzes.

Dies geschieht durch die Festlegung unternehmensspezifischer Schwerpunkte bezüglich Nachhaltigkeit und Intensität der Ziele. Die Intention muss dabei immer eine strategische Abgrenzung und Positionierung im Vergleich zum Wettbewerb sein, denn nur so können Wettbewerbsvorteile geschaffen werden. Unternehmen stehen zwei verschiedene Möglichkeiten zur Verfügung, um Nachhaltigkeit strategisch einzubinden. Zum einen kann eine eigene Nachhaltigkeitsstrategie entwickelt werden, zum anderen gibt es die Möglichkeit Nachhaltigkeit in die vorhandene Unternehmensstrategie einzubinden. Eine erfolgreiche Nachhaltig-keitsstrategie bedient alle drei Dimensionen der Nachhaltigkeit und ist komplementär zur Unternehmensstrategie.

Die Strategieansätze werden zuerst anhand der Zieldimensionen Ökologie und Soziales theoretisch voneinander abgegrenzt. Anschließend werden die Zusammenhänge der Zieldimensionen auf strategischer Ebene sowie die Konkretisierung und Entwicklung der Strategie erläutert. Die theoretischen Ansätze werden stets mit Beispielen aus der Wirtschaft anschaulich dargestellt, um den direkten Praxisbezug zu verdeutlichen. Begonnen wird mit der ökologischen Zieldimension.

3.2 Ökologisch nachhaltige Strategien

3.2.1 Aspekte der Ökologischen Nachhaltigkeit

Das allgemeingültige, gesellschaftliche Verständnis des Nachhaltigkeitsbegriffes basiert oft auf der Annahme, es ginge ausschließlich um den rücksichtsvollen und weitsichtigen Umgang mit natürlichen Ressourcen. Diese Auffassung resultiert aus der großen medialen Aufmerksamkeit, welche die ökologische Zieldimension der Nachhaltigkeit erhält. Diese Definition beschreibt jedoch nur den ökologischen

Aspekt der Nachhaltigkeit. Der Begriff bezieht sich auf „*das Überleben und den Gesundheitszustand von Ökosystemen*"[13]. Das Verhältnis zwischen Wirtschaftssystem und Ökosphäre wird durch konkrete Handlungsregeln, wie beispielsweise die ausgewogene Nutzung regenerierbarer Ressourcen angesprochen. Im Umgang mit Ressourcen können drei Grundstrategien erkannt werden:

- Effizienz
- Konsistenz und
- Suffizienz.

Sie zeigen Richtungen des Verhaltens auf, durch welche Handlungsregeln umgesetzt werden.[14] Die drei Strategietypen sind nicht immer eindeutig voneinander abzugrenzen, da Sie oft korrelierende Merkmale aufweisen.

Im Folgenden werden die drei handlungsleitenden Konzepte vorgestellt, diskutiert und anhand von konkreten Beispielen vertieft. Zu betonen bleibt, dass diese drei Grundstrategien als Leitstrategien zu verstehen sind, die einen Ansatz zur Ausrichtung und Entwicklung einer unternehmerischen Nachhaltigkeitsstrategie bilden.

3.2.2 Öko-Effizienz Strategien

Die bekannteste Grundstrategie, die Effizienz Strategie, beschreibt das Verhältnis zwischen eingesetzten Ressourcen und erzielten Ergebnissen eines Prozesses, welches verbessert werden soll. Somit lassen sich anhand der Effizienz verschiedene Prozesse vergleichen. Ökologische Effizienz, oder Öko-Effizienz, beschreibt eine strategische Ausrichtung, die mit einem ökologischen Ressourcenumgang Kosten einspart und gleichzeitig die Umwelt entlastet. Aufgrund dieser simultanen Wechselwirkung genießt sie in der Wirtschaft eine hohe Bedeutung als Nachhaltigkeitsstrategie. Unternehmungen profitieren von der ökonomischen Vorteilhaftigkeit in Form von Kostenreduktionen, die wiederum reinvestiert werden können.[15]

---

[13] Wirtschaftslexikon Gabler, 2018
[14] Dyckhoff et al., 2008, S.49-53
[15] Von Hauff, M., 2011, S.21

Diese Grundstrategie folgt den Regeln des ökonomischen Triple-Bottom-Line Ansatzes, da der ökologische Mehrwert den ökonomischen durch Kostenreduktion unterstützt.

Konkret kann Öko-Effizienz im Unternehmen durch den geringeren Einsatz von Rohstoffen und Energie pro Ware, die sogenannte Material- und Energieeffizienz, erreicht werden.

3.2.2.1   Materialeffizienz

Die Material- oder Ressourceneffizienz misst die Menge der pro Materialeinheit erbrachten physischen Dienstleistungen. Strategien zur Materialeffizienz zielen darauf ab, ein gleiches oder ähnliches Ergebnis mit weniger Materialien oder weniger emissionsintensiven Materialien zu erzielen. Klassische Ansätze zur Verbesserung der Material- und Ressourceneffizienz sind z.B. die Nutzung effizienter Produktionstechnologien, die Optimierung der Logistikkette, der Verzicht von Verpackungen oder Wiederverwendungskonzepte wie Recycling oder Upcycling.[16] Materialeffizienz lässt sich je nach Branche und Unternehmen unterschiedlich umsetzen. Für Gebäude, Fahrzeuge und Elektronik lassen sich in der Literatur beispielsweise folgende Materialeffizienzkonzepte finden:

1. Intensivere Nutzung
2. Lebensdauerverlängerung (einschließlich Reparatur, Wiederverkauf, Wiederaufarbeitung)
3. Leichtbau und Materialauswahl
4. Wiederverwendung von Bauteilen
5. Recycling, Upcycling, Kaskadennutzung
6. Verbesserte Ausbeute bei der Produktion, Herstellung und Abfallverarbeitung[17]

Diese Konzepte können auch in anderen Branchen verwendet werden, um die Materialeffizienzstrategie zu verfolgen.

Die Textil- und Bekleidungsindustrie belastet die Umwelt aufs Äußerste mit jährlichen CO_2 Emissionen von über einer Milliarde Tonnen und damit mehr als der gesamte internationalen Flug und Schiffsverkehr. Das Probleme heißt *„Fast Fashion"*. Der Verkauf von Kleidung steigt immer weiter. Gleichzeitig sinkt die

---

[16]Hertwich et.al.,2019
[17]Hertwich et.al.,2019

durchschnittliche Nutzungsdauer eines Kleidungsstücks drastisch. Kleidungs-
stücke werden weniger als ein Jahr behalten.[18]

Das Ziel langlebigere Produkte zu produzieren kann hier in ein strategisches Ziel
darstellen (siehe online Beispiel H&M). Unter dem Reiter Nachhaltigkeit im H&M
Onlineshop können nicht nur explizit nachhaltige Produkte, sondern auch Tipps,
um diese länger benutzen zu können, gefunden werden. Unter *„H&M Take Care"*
finden sich verschiedene Tipps und Tricks zum Reparieren, Waschen und
Auffrischen der Kleidung. Durch Tipps zum Waschen werden Materialien geschont
und Textilien können länger getragen werden. Ein Pullover kann durch einfache
Tricks neu umgestaltet werden (siehe Abbildung 2).

Abbildung 2: Tipps zur Umgestaltung, H&Mi Take Care[19]

Hier stellt sich jedoch die kritische Frage nach der Wirksamkeit. Ohne ein
tatsächliches Umdenken des Kunden über sein Konsumverhalten werden solche
Maßnahmen keinen wirksamen Beitrag zu einer nachhaltigen Entwicklung leisten.

Das bekannteste Wiederverwendungskonzept, das Recycling, bedeutet die
„Rückführung von Produktions- und Konsumabfällen in den Wirtschaftskreislauf."[20]
Recycling kann entlang der gesamten Wertschöpfungskette angewendet werden.
Unternehmen analysieren hierbei ob und in welcher Wertschöpfungsstufe sich
Recycling strategisch bevorzugt anwenden lässt. Beispielhaft lässt sich hier die
Recycling-Strategie der Opel Automobile GmbH aufzeigen. Das Ziel der Recycling-

---

[18] Grundmann, M, 2018

[19] H&M, 2020

[20] Wirtschaftslexikon Gabler, 2018

Initiative des Konzerns ist es, die Entstehung von Abfällen schon bei der Produktion der Fahrzeuge, sowie bei der Verwertung von Altfahrzeugen, zu reduzieren.

Opel konzentriert sich dabei auf die Wertschöpfungsstufen Produktentwicklung und -konstruktion, sowie Produktion und Verwertung. Die Opel-Recycling-Strategie im Rahmen der Produktentwicklung basiert auf folgenden zwei Säulen:

- Design für nachhaltigen Umgang mit Altfahrzeugen
- Aufbau und Nutzung von Werkstoffkreisläufen bei der Neuwagenproduktion[21]

Das Unternehmen hat die Verantwortung für seine Produkte erkannt, und denkt zukunftsorientiert in Kreisläufen. Die Verantwortung für das Produkt endet nicht mit dem Verkauf, sondern mit der Verwertung (siehe Abbildung 3).

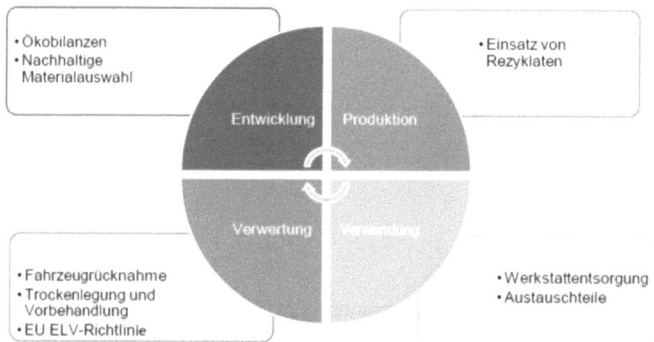

Abbildung 3: Recycling-Strategie Opel Automobile GmbH[22]

Bei der Konstruktion wird auf eine nachhaltige Materialauswahl, Vorkehrungen zur Schadstoffentfrachtung und eine nachhaltige Produktgestaltung geachtet. Einen besonderen Fokus legt das Unternehmen auf die Verwendung von Rezyklaten. Über 230 Recycling-Kunststoffarten wurden bereits spezifiziert und zum Serieneinsatz zugelassen. Des Weiteren werden für einige Bauteile wie Radhausverkleidungen Rezyklate eingesetzt.

[21] Opel, 2020
[22] Opel, 2020, eigene Darstellung

Abbildung 4: Einsatz von Rezyklaten am Beispiel des Opel Insignia[23]

Abbildung 4 zeigt beispielhaft am Opel Insignia für wie viele Teile (dunkelblau markiert) Rezyklate verwendet werden können. Opel betont den hohen Qualitätsstand der Rezyklate und unterstützt dessen Verwendung, wenn der Einsatz wirtschaftlich und technisch sinnvoll ist.[24]Man folgt hier also genau den Regeln des ökonomischen Triple-Bottom-Line-Ansatzes. Dies könnte sich entweder in einer direkten Kostenreduktion auswirken oder durch Erzeugen neuer Wettbewerbsvorteile aufgrund eines nachhaltigeren Automobils.

Positiv anzumerken ist, dass Opel mit seiner Recycling-Strategie Elemente der Materialeffizienz verwendet, effektiv in die Wertschöpfungskette einbindet und durch das Kreislaufen-Denken seine Verantwortung für das Produkt über die Nutzungszeit hinaus wahrnimmt.

Ein Vorreiter in der Materialeffizienzthematik ist auch das österreichische Unternehmen Vöslauer. Das Zentrum der Unternehmensstrategie der Vöslauer Mineralwasser GmbH bildet die Initiative „rePET". Das Ausgangsmaterial für die Herstellung neuer PET Flaschen bildet recyceltes PET. Das Unternehmen hat sich das Ziel gesetzt bis 2025 alle PET-Flaschen inklusive der Folien und Etiketten zu 100% aus Recyclingmaterial zu produzieren. Vöslauer strebt das Ziel an mithilfe von Forschung und Entwicklung einen vollständigen Recyclingkreislauf zu erzeugen, in dem aus jeder alten PET-Flasche eine neue wird.[25]. Kombiniert mit

---

[23] Opel, 2020
[24] Opel, 2020
[25]rePET,2020

weiteren Maßnahmen, um den ökologischen Fußabdruck des Unternehmens zu verringern, hat sich Völslauer zu einem Vorreiter in der Branche entwickelt.

Aus der Kritik heraus, Recycling würde alten Produkten weniger Wert anstatt mehr Wert verschaffen, entstand das Konzept des Upcyclings.[26]Upcycling ist eine Form der Wiederverwertung von Stoffen, mit dem einfachen Prinzip aus Altem Neues herzustellen. Im Gegensatz zum Recycling kommt es jedoch beim Upcycling zu einer stofflichen Aufwertung. Der Prozess wirkt sich ressourcenschonend aus, da der Bedarf an neu produzierten Rohmaterialien durch die Wiederverwertung von vorhandenen Materialien verringert wird. Oft entstehen durch das Upcycling originelle Produkte mit Charakter. Genau diese Innovationskraft führt zu Wettbewerbsvorteilen, welche sich das Unternehmen Airpaq zum Nutzen macht. Das Unternehmen stellt Rücksäcke, Beutel und Bauchtaschen aus Airbags, Sicherheitsgurten und alten Gurtschlössern her – Produkte, die sonst weggeworfen werden würden.[27] Upcycling gewinnt in der Industrie zunehmend an Aufmerksamkeit, da eine enorme Innovationskraft hinter diesem Konzept steckt.

3.2.2.2   Energieeffizienz

Die zweite Möglichkeit Effizienz anzustreben, ist die Energieeffizienz. Diese bedeutet eine rationelle Verwendung von Energie. Energieeffizienzmaßnahmen haben eine *„Reduktion des Gesamtenergiebedarfs von Prozessen durch Herabsetzen der quantitativen und qualitativen Verluste, die bei der Wandlung, dem Transport oder der Speicherung von Energie auftreten"*[28] zum Ziel. Energieeffizienz, kann von Unternehmen in unterschiedlichen Phasen der Wertschöpfung angestrebt werden. Maßnahmen zur Verbesserung der Energieeffizienz

- senken Treibhausgasemissionen,
- verbessern die Versorgungssicherheit
- und reduzieren Kosten für die Einfuhr von Energie.[29]

Ein verminderter Energieverbrauch bedingt direkte Kostenreduktionen und folglich Wettbewerbsvorteile. Ein entsprechendes Marketing fördert das *„grüne Unternehmensimage"*.

---

[26] Rose, C. M. et al., 2018, S.5
[27] Airpaq, 2020
[28]Wesselak et al., 2013, S.35
[29] Europäisches Parlament, 2020

Ein Trendsetter ist hier die Firma Bosch mit ihrem ambitionierten Ziel bis 2020 weltweit CO_2-neutral zu sein. Auf dem Weg zur Erreichung der CO2-Neutralität spielt die Energieeffizienz eine wichtige Rolle. Bis 2030 investiert das Unternehmen eine Milliarde Euro in die Energieeffizienz seiner Anlagen und Gebäude. Außerdem sollenambitionierte Energie-Einsparungen realisiert werden. Ziel sind 1,7 Terawattstunden pro Jahr bis 2030.[30]

Abbildung 5: Maßnahmen zur Steigerung der Energieeffizienz bis 2030 bei BOSCH

Wesentlicher Effizienztreiber im Unternehmen ist die Vernetzung der Produktion, durch den Einsatz einer eigenen Energy-Plattform in mehr als 30 Werken weltweit. Diese stellt eine cloudbasierte Software-Lösung dar, die den Stromverbrauch jeder Maschine verfolgt und steuert.[31]

Zur Steigerung der Energieeffizienz definierte Bosch diverse Maßnahmen (vgl. Abbildung 5), wie beispielsweise der Einsatz von LED's und die bedarfsgeregelte Lüftung.

Die Nachhaltigkeitsaktivitäten im Handlungsfeld Energie konzentrieren sich hier u.a. auf die Energieeffizienz.[32].. Bosch setzt mit seiner erreichten CO_2-Neutralstellung als das erste globalen Industrieunternehmen ein Zeichen im Sinne der Nachhaltigkeit. hat. Das Unternehmen gilt daher als erfolgreiches Beispiel zur strategischen Steigerung von Energieeffizienz und setzt damit einen branchenweiten Standard.

---

[30] Bosch, 2020

[31] Wirtschaftslexikon Gabler, 2018

[32] Bosch, 2020

Durch Rebound- und Wachstumseffekte sind die ökologischen Effekte einer effizienten Produktion beschränkt. Bei steigendem Wirtschaftswachstum wird die absolute Umweltbelastung auch bei effizienterer Produktion weiter steigen.[33].Der Effizienz-Ansatz konzentriert sich auf die Angebotsseite. Um die negativen Auswirkungen menschlicher Aktivitäten langfristig zu bekämpfen muss jedoch der Ressourcenverbrauch an sich gesenkt werden. Um diesen zu steuern, müssen Unternehmen über den Gedanken der Ökoeffizienz hinausdenken und rigorosere Ansätze wie die Suffizienz miteinbeziehen.

3.2.3 Suffizienz Strategie

Der Grundgedanke der Suffizienz Strategie, hier Öko-Suffizienz Strategie, ist weniger technisch- sondern vorwiegend verhaltensorientiert. Durch verändertes menschliches Verhalten und eine genügsamere Lebensweise sollen Ressourceneinsparung erreicht und Umweltschädigungen eingeschränkt werden. Im Gegensatz zu den weiteren Grundstrategien steht hier das menschliche Verhalten selbst im Fokus, wobei nicht der Verzicht, sondern vielmehr das richtige Maß im Vordergrund steht. Öko-Suffizienz kann beispielsweise in Zusammenhang mit der Diskussion um den Fleischkonsum gesetzt werden. Hierbei geht es um den geforderten bewussteren Konsum, der keineswegs den absoluten Verzicht fordert. Suffizienz kann auch durch die Nutzung weniger ressourcenintensiver Produkte oder Dienstleistungen erreicht werden. Ein gutes Beispiel hierfür sind Geschäftsreisen. Global agierende Unternehmen mit internationalen Geschäftsbeziehungen verlangen oft nach Geschäftsreisen, um Meetings persönlich abhalten zu können oder die Lieferantenbeziehung zu stärken. Dienstreisen sollten prinzipiell im ersten Schritt nach ihrer Notwendigkeit hinterfragt werden. Videokonferenzen bieten oft eine gute Alternativlösung, um das persönliche Treffen zu vermeiden. Falls sich eine Dienstreise nicht vermeiden lässt, wäre es empfehlenswert öffentliche Verkehrsmittel zu nutzen oder mehrere Termine mit einer Dienstreise zu erledigen.

Suffizienz getriebene Unternehmensstrategien konzentrieren sich auf die Beeinflussung des Konsumverhaltens. Dies beinhaltet beispielsweise ein elementares Umdenken der Verkaufstaktiken (z.B. kein manipulatives „Überverkaufen") und die Vermeidung schneller, kurzlebiger Trends.[34] Die Implementierung des Suffizienz-Gedankens in die Unternehmensstrategie wird oft

---

[33] Palzkill, A. et al., 2015, S.1
[34] Bocken, N.M.P. et al., 2014, S.42-56

als kritisch betrachtet. Suffizienz-Strategien gelangen in Unternehmen schnell in den Hintergrund, da die Gewinnmaximierung und damit verbundene verkaufsfördernde Instrumente oft das Gegenteil beim Konsumenten bezwecken wollen. Für unsere gegenwärtigen Konsummuster in den Industrieländern ist das immer schnellere Wegwerfen sowie Ersetzen von Produkten und Materialien und ein übermäßiger Konsum von Nahrungsmitteln kennzeichnend. Das Prinzip kaufen, gebrauchen, wegwerfen (Beispiel Handy) resultiert in einem linearen Verständnis der Produktwirtschaft und trägt bedeutend zur Umweltproblematik bei. Es muss ein Umdenken der Unternehmen und Konsumenten hin zu suffizienz-basiertem Denken geschehen. Suffizienz Strategien stellen eine besonders effektive Form der Ressourceneinsparung dar, da durch eine deutliche Verringerung des Ressourcenverbrauchs die möglichen technologischen Effizienzfortschritte aus effizienzgetriebenen Strategien erst spürbar zum tragen kommen.

Wolfgang Sachs' Einführung der „4 E's" prägen vier konkrete Stoßrichtungen von Suffizienz Strategien. Er unterscheidet folgende Suffizienz Strategien.

- Entrümpelung (absolute Reduktion der Anzahl und Vielfalt konsumierter Produkte
- Entschleunigung (Reduktion der Konsumfrequenz)
- Entkommerzionalisierung (Subsistenzwirtschaft des Selbermachens und Produzierens)
- Entflechtung (Vereinfachung und Regionalisierung von Wertschöpfungsketten)[35]

Zu betonen ist bei Suffizienz Strategien die bestehende Gefahr von indirekten Rebound Effekten. Durch den Verzicht werden finanzielle Freiräume geschaffen, die für eine erhöhten Konsum in anderen Bereichen genutzt werden können. *„Betriebswirtschaftliche Strategien müssen hier in eine gesamtwirtschaftliche Suffizienz, im Sinne einer Postwachstumsökonomie, eingebettet sein und ganzheitlich gedacht werden".*[36]

Es bedarf neuer Geschäftsmodelle und regulatorischer Unterstützung seitens der Politik, um Suffizienz für Unternehmen attraktiv und umsetzbar zu machen.

---

[35] Palzkill, A. et al., 2011, S.11
[36] Palzkill, A. et al., 2011, S.12

3.2.4 Konsistenz Strategie

Konsistenz bedeutet die umweltverträgliche Beschaffenheit von Stoff- und Energieströmen. Diese müssen mit den Strömen natürlicher Herkunft verträglich sein, also nicht mit natürlichen Abläufen in Konflikt geraten.[37] Daraus folgt eine Notwendigkeit der Neu-Organisation technischer Abläufe, um idealtypischer Weise nur weiterverwertbare Produkte und somit keine Abfälle zu produzieren. Da technisch bisher oft keine komplette Vermeidung von Abfällen möglich ist, sollen einbezogene, *„naturfremde Stoffe in geschlossenen Kreisläufen wiedergewonnen werden".*[38] Das Ziel ist demnach nicht die Rationierung (Suffizienz) oder die Rationalisierung (Effizienz) erneuerbarer Ressourcen, sondern die Verringerung, Vermeidung oder Substitution durch andere Ressourcen. Produktionsmuster müssen langfristig umgestellt werden, um die Konsistenz-Strategie erfolgreich umzusetzen. Konsistenz Strategien beinhalten ein großes Potential für Innovationen, da Sie oftmals nach einer Substitution bestehender Technologien, Produkte oder Stoffe verlangen. Um in ökologisch betroffenen Bereichen konsistente Stoffströme herzustellen existieren verschiedene Ansätze wie z.B. der Cradle-to-Cradle® Ansatz.

„Das Cradle to Cradle® Designprinzip hat die Natur zum Vorbild: Ziel ist es, nicht nur negative Einflüsse zu minimieren, sondern einen positiven Fußabdruck zu hinterlassen. So entstehen Produkte, Prozesse, Gebäude und Städte, die sicher für den Menschen, gesund für die Umwelt und erfolgreich für das Business sind."[39]

Als Unternehmen, dass das Cradle-to-Cradle® Konzept als Basis seiner Zielerreichung nutzt gilt die EPEA GmbH. Die EPEA GmbH ist ein wissenschaftliches Forschungs- und Beratungsinstitut, das sich an dem Ziel der Öko-Effektivität orientiert und das Cradle-to-Cradle® Designprinzip für die *„Circular Economy"* (Kreislaufwirtschaft) in allen Industriebranchen etablieren möchte. Das Prinzip denkt damit einen Schritt weiter als die Effizienz Strategie (vergleiche Abbildung 6).

---

[37] Von Hauff, M., 2011, S.21
[38] Von Hauff, M., 2011, S.21
[39] EPEA, 2020

Es basiert auf drei Grundprinzipien:

- Abfall ist Nahrung
- Nutzung erneuerbarer Energien
- Diversität

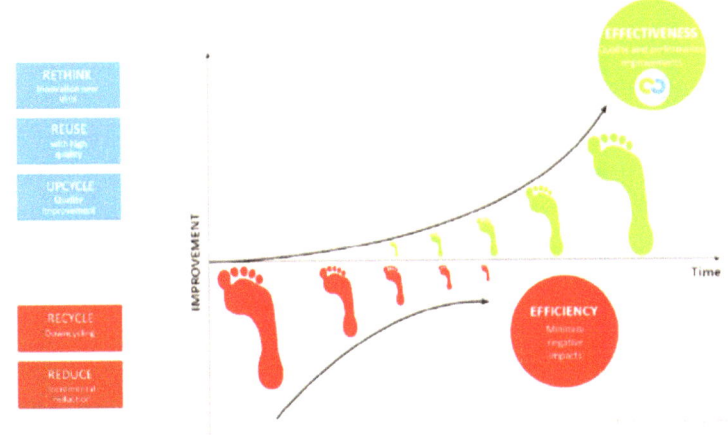

Abbildung 6: Das Cradle to Cradle® Designprinzip[40]

Die gesamte Wertschöpfungskette wird betrachtet, verwendete Materialien bleiben im Nährstoffkreislauf erhalten und finden immer neue Verwendung.[41] Durch die Beratung von EPEA konnten Unternehmen wie z.B. Stabilo erfolgreiche Schritte in Richtung Kreislaufwirtschaft machen. Der weltweit erste Stift seiner Klasse der Cradle to Cradle Certified™ war, ist der STABILO GREENpoint, welcher aus 87% aus recyceltem Material besteht. Die Produktionsstätte in Weißenburg wird zusätzlich zu 100% mit erneuerbarem Strom betrieben. Der Hauptsitz des Unternehmens kühlt das integrierte Rechenzentrum mit Frischluft und Erdwärme und nutzt die entstehende Abwärme zur Beheizung des Verwaltungsgebäudes. EPEA konnte hier die Zertifikation realisieren, sowie den Ausschluss problematischer Substanzen wissenschaftlich betreuen und zu einer Vernetzung entlang der gesamten Lieferkette beitragen.[42]

---

[40] EPEA, 2020
[41] EPEA, 2020
[42] EPEA, 2020

Zentrale Herausforderung der Konsistenz-Strategie ist dessen Realisierbarkeit. Mit dem aktuellen Stand der Technik ist eine komplette Kreislaufwirtschaft in allen Branchen der Industrie unmöglich. Dennoch bleibt die Konsistenz Strategie wichtig, da aus ihr bedeutende technologische Innovationen entstehen können, die zu einer nachhaltigeren Lebensweise und Wirtschaft führen können. Eine vollständige Konsistenz erfordert die Komponenten Effizienz und Suffizienz.[43]

3.3 Sozial Nachhaltige Strategien

3.3.1 Aspekte der Sozialen Nachhaltigkeit

Das Augenmerk in Nachhaltigkeitsdiskussionen liegt oft ausschließlich auf den ökologischen und wirtschaftlichen Aspekten. Die soziale Nachhaltigkeit wird dabei häufig nicht thematisiert. Um ein vollständignachhaltiges Ergebnis zu erzielen muss auch die soziale Zieldimension in die Strategie miteinbezogen werden. Themen sozialer Nachhaltigkeit sind beispielsweise Menschenrechte, Geschlechtergleichheit, Bildung und Arbeitsbedingungen.[44]

Aus wirtschaftlicher Sicht stehen bei sozialer Nachhaltigkeit die Auswirkungen von Unternehmen auf Menschen und die Gesellschaft im Vordergrund. Unternehmen profitieren von sozialer Nachhaltigkeit, da sie hilft ein Risiko für Marken- und Produktqualität verringern. Exemplarisch für verfehlte Soziale Nachhaltigkeit ist das Outsourcing an Produktionsstätten mit schlechten Arbeitsbedingungen. Die Marke eines global agierenden Unternehmens kann schwer geschädigt werden, wenn eine Katastrophe eintritt und die Verbraucher durch die Medien davon in Kenntnis gesetzt werden.

Aktuell entsteht eine wachsende Verbraucherbasis, die immer mehr die Bedeutung des Zusammenhangs zwischen den gekauften Produkten und Dienstleistungen und ihren Auswirkungen auf Menschen und Umwelt in den Vordergrund stellt.[45] Dadurch entsteht für Unternehmen ein zunehmender Druck seitens der Gesellschaft, das unternehmerische Handeln entlang der gesamten Lieferkette transparent darzulegen. Verbraucher sind bereit mehr für Produkte auszugeben, die ethischer sind.[46] Unternehmen müssen sich ihrer sozialen Verantwortung

---

[43] Freimann, J. et al., 2012, S.188
[44] United Nations, 2019
[45] Ernst & Young, 2018
[46] Statista, 2019

bewusstwerden und einen Weg finden, sozialen Mehrwert strategisch mit dem Kerngeschäft zu verbinden.

Im Diskurs der sozialen Zieldimension nachhaltigkeitsorientierter Unternehmensstrategien hat sich der englische Begriff „Corporate Social Responsibility", kurz CSR, fest etabliert. CSR meint die gesellschaftliche Verantwortung von Unternehmen und beschreibt einen konzeptionellen Ansatz, der sich am Prinzip der Nachhaltigkeit orientiert.[47] Bei dem Streben nach Gewinnen wird von Gesellschaft und Politik erwartet, auf ökologische, soziale und humane Standards zu achten.[48] Dadurch entsteht für Unternehmen ein Druck, sich auf allgemeiner gesellschaftlicher Ebene zu engagieren, statt in einer Weise, die am besten zur Unternehmensstrategie passt. [49]CSR wird immer noch häufig als Aktionsfeld für Wohltätigkeit missverstanden, und eine großzügige Spende für soziales Engagement wird als ausreichende Maßnahme empfunden. Doch kurzlebige Maßnahmen dieser Art werden schnell als unglaubwürdige Imagepflege demaskiert. Die erfolgreiche Verknüpfung von CSR und nachhaltigem Wirtschaften mit langfristigen, strategischen Zielen gelingt meist nicht. Erfolgreiche CSR ist in die Nachhaltigkeitsstrategie einzubinden und hat als Konsequenz eine Win-Win-Beziehung zwischen Unternehmen und sozialem Umfeld.[50]

Im Folgenden wird erläutert, wie soziale Verantwortung von Unternehmen entlang der Wertschöpfungskette strategisch genutzt und dadurch im Wettbewerbsumfeld zum Erfolgsfaktor werden kann. Zukünftig erfolgreiche Unternehmen zeichnen sich durch eine Integration der sozialen Nachhaltigkeit in der gesamten Wertschöpfungskette im Sinne des ökonomischen Triple-Bottom-Line Ansatzes aus.

3.3.2 Soziales Engagement entlang der Wertschöpfungskette und im Wettbewerbsumfeld

Die meisten CSR-Denkansätze zeigen keinen Zusammenhang zwischen Wirtschaft und Gesellschaft, und vergeuden dadurch das Potential Gutes für die Gesellschaft zu tun und gleichzeitig einen Nutzen für das Unternehmen zu erreichen. Um die soziale Zieldimension der Nachhaltigkeit strategisch einzubinden, müssen laut Porter und Kramer die *„von innen nach außen"*-Betrachtung sowie die *„von außen*

---

[47] Bundesministerium für Arbeit und Soziales, 2020
[48] Ruter, R. X.,2017
[49]Porter, M. E. et al., 2006, S.79
[50] Lauber, A., 2017, S.66

nach innen"-Betrachtung im Wettbewerbsumfeld des Unternehmens für ein strategisch effektives soziales Engagement betrachtet werden.[51] Die eigene Wertschöpfungskette beschreibt das *„innen"*, wobei die Gesellschaft das *„außen"* beschreibt.

Hier ist eine gegenseitige Unterstützung von Wirtschaft und Gesellschaft gefordert. Die wechselseitige Abhängigkeit von Gesellschaft und Unternehmen hat zur Folge, dass wirtschaftliche Entscheidungen sowie Sozialpolitik im Unternehmen dem Prinzip des *„Shared Value"* folgen müssen. Entscheidungen müssen immer gut für das Unternehmen und die Gesellschaft sein.

Um dies in die Praxis umzusetzen, muss bereits bei der Analyse der Wettbewerbssituation und der Festlegung der Geschäftsstrategie die soziale Perspektive in die Analyse Modelle integriert werden. Im nächsten Schritt müssen Berührungspunkte identifiziert werden. Hier berufen sich Porter und Kramer erneut auf die zwei verschiedenen Betrachtungsweisen: *„von innen nach außen"* und *„von außen nach innen"*. Ein Unternehmen kommt durch seine alltäglichen Geschäftstätigkeiten entlang der Wertschöpfungskette mit der Gesellschaft in Berührung. Umgekehrt haben gesellschaftliche Rahmenbedingungen auch Einfluss auf Unternehmen. Dies kann eine signifikante Wirkung auf das Unternehmen und dessen langfristige Strategieverfolgung haben.[52]

Auf sozialer Ebene müssen Unternehmen gesellschaftlich relevante Themen strategisch auswählen, die für das Geschäft von Bedeutung sind. Porter und Kramer kategorisieren soziale Themen, die für Unternehmen wichtig und von strategischer Bedeutung sind in drei Kategorien (siehe Abbildung 07): Generic Social Issues (Allgemeine soziale Themen), Value Chain Social Impacts (Soziale Themen mit Einfluss auf die Wertschöpfungskette) und Social Dimensionsof Competitive Context (Soziale Dimension des Wettbewerbsumfelds).

---

[51]Porter, M. E. et al., 2006, S.86
[52]Porter, M. E. et al., 2006, S. 82-83

Prioritizing Social Issues

Generic Social Issues	Value Chain Social Impacts	Social Dimensions of Competitive Context
Social issues that are not significantly affected by a company's operations nor materially affect its long-term competitiveness.	Social issues that are significantly affected by a company's activities in the ordinary course of business.	Social issues in the external environment that significantly affect the underlying drivers of a company's competitiveness in the locations where it operates.

Abbildung 7: Kategorisierung sozialer Themen nach Porter und Kramer [53]

Unternehmen müssen den unterschiedlichen Geschäftsbereichen für jede der drei Kategorien gesellschaftliche Themen zuordnen und hinsichtlich möglicher Auswirkungen klassifizieren. Die Bedeutung sozialer Themen ist für Unternehmen verschiedener Branchen unterschiedlich stark. Beispielhaft ist hier das Unternehmen Henkel zu nennen. Henkel startete im Oktober des Jahres 2018 eine Kinderbuch-Aktion mit seiner Familienmarke Persil. Im Rahmen dieser Aktion bekamen Eltern beim Kauf von zwei Persil-Produkten ein Kinderbuch geschenkt. Für jedes überreichte Kinderbuch spendete Persil einen Euro an die Organisation Mentor e.V., welche das Lesenlernen von Kindern aktiv fördert.[54]Aus strategischer Sicht ist diese Aktion fundierter Natur, da die Marke Persil sich aktiv für ein gesellschaftliches Thema, das Lesenlernen von Kindern, einsetzt. Dies fundiert den strategischen Erfolgsfaktor von Persil als familienfreundliche Marke wahr genommen zu werden. In einer anderen Branche hingegen, wie beispielsweise dem Bergbau, hätte das Thema Lesenlernen von Kindern eine sehr niedrige Bedeutung und wäre strategisch als unrelevant einzustufen.

---

[53]Porter, M. E. et al., 2006, S. 84

[54] Henkel, 2018, S.136

Zu betonen ist außerdem, die hohe Relevanz einer konsequenten Durchsetzung entlang der gesamten Wertschöpfungskette. Unternehmen müssen wichtige Fokusfelder definieren, dürfen jedoch keine Phase der Wertschöpfungskette vernachlässigen.

3.3.3 Reaktive CSR vs. Strategische CSR

Nach der Ermittlung, Kategorisierung und anschließenden Bewertung sozialer Themen muss das Ziel die Erstellung einer Wohltätigkeitsagenda des Unternehmens sein. Es müssen Gelegenheiten gefunden werden, bei denen die gesellschaftlichen und wirtschaftlichen Vorteile gleichzeitig zum Tragen kommen. Nur so können Methoden entwickelt werden, die die Unternehmensstrategie dank sozialen Fortschritts stärken. Hier setzt strategische CSR, im Gegensatz zur reaktiven CSR, an. Reaktive CSR-Maßnahmen verschaffen keine langfristigen Wettbewerbsvorteile und haben somit wenig strategischen Charakter. Die strategische CSR zielt darauf ab in soziale, unternehmensnahe Bereiche zu investieren, die die Wettbewerbsfähigkeit eines Unternehmens stärken. Per Definition beinhaltet strategische CSR die Berücksichtigung von ökologischen und sozialen Herausforderungen.[55] Durch die Übernahme von gesellschaftlicher Verantwortung kann ein Mehrwert für die Gesellschaft geschaffen werden oder negative Konsequenzen für die Gesellschaft aus unternehmerischem Handeln verringert werden. Die Integration sozialer Aspekte in die Strategie findet nur Berücksichtigung, sofern ein Bezug zum Kerngeschäft aufgewiesen werden kann.[56]

Der bedeutende Unterschied zur nichtstrategischen CSR ist die Offenbarung neuer Geschäftschancen und Innovationsmöglichkeiten. Unternehmen verschaffen sich eine abgrenzende Position zur Konkurrenz, während dabei beispielsweise die Kosten gesenkt oder eine bestimmte Art von Kundenbedürfnissen besser bedient wird.[57]

Hier muss kritisch angemerkt werden, dass Unternehmen bei einer gemeinnützigen Beteiligung auch den Vorteil nutzen, einen Teil ihres Bruttogesamteinkommens von der Steuer zu befreien.[58]

---

[55] Lauber, A., 2017, S.66
[56] Lauber, A., 2017, S.67
[57] Porter, M. E. et al., 2006, S.87
[58] Santa Clara University, 2015

3.4 Ökonomisch nachhaltige Strategien

Nachdem die soziale und die ökologische Zieldimension betrachtet wurden, wird nachfolgend die Zieldimension der ökonomischen Nachhaltigkeit erläutert. Ökonomische Nachhaltigkeit verfolgt das Ziel, den ökonomischen Ertrag „bei gleichzeitiger Aufrechterhaltung der benötigten Eingangsressourcen"[59]zu maximieren. Außerdem wird ökonomische Nachhaltigkeit oft als Bedingung einer nicht nachlassenden Wohlfahrtsökonomik interpretiert.[60] Wirtschaften ist dann ökonomisch nachhaltig, wenn die Wirtschaftsweise dauerhaft betrieben werden kann. Im Vordergrund strategischer Ertragsmaximierung darf jedoch niemals die kurzfristige Gewinnmaximierung stehen. Langfristige ökonomische Nachhaltig-keitsziele müssen verfolgt werden, wie z.B. die Steigerung eines nachhaltigen Markenwerts.

In der Praxis müssen Maßnahmen aus sozial- und ökologisch-motivierten Zielen die ökonomische Zieldimension unterstützen. Wenn beispielsweise aus strategisch ökologischen Gründen Abfall und Verpackungen im Unternehmen reduziert werden, z.B. durch digitale Dokumente anstatt Ausdrucke, reduziert dies gleichzeitig die Druckkosten. Ebenso führt ein reduzierter Wasserverbrauch zu einer Reduzierung von Kosten im Unternehmen, und gleichzeitig zu einer Schonung der Ressourcen.

Wie bei der Begriffsdefinition der Nachhaltigkeit schon erläutert, wird die ökonomische Zieldimension im ökonomischen Triple-Bottom-Line-Ansatz als übergeordnetes Ziel definiert. Ein Wirtschaftssystem ist nachhaltig, wenn es dauerhaft betrieben werden kann. Nachhaltigkeitsorientierte Strategien dürfen demnach nicht nur Kosten verursachen, sondern müssen einen ökonomischen Mehrwert generieren.

Aus den korrekten strategischen Maßnahmen zur Erreichung sozialer und ökologischer Ziele, resultiert ökonomische Nachhaltigkeit.

---

[59]Wirtschaftslexikon Gabler, 2018
[60]Wirtschaftslexikon Gabler, 2018

3.5 Konkretisierung der Strategie

3.5.1 Konkretisierung der Zieldimensionen auf strategischer Ebene

Die zentrale Herausforderung bei der Festlegung der Nachhaltigkeitsstrategie ist
die Konkretisierung des ökonomischen Triple-Bottom-Line-Ansatzes. Diese
Konkretisierung erfolgt durch die Festlegung unternehmensspezifischer
Nachhaltigkeitsschwerpunkte und der Intensität dieser. Durch die strategische
Positionierung eines Unternehmens im Vergleich zum Wettbewerb wird die
Wichtigkeit einzelner Nachhaltigkeitsziele bestimmt.[61]

Aus der dreidimensionalen Perspektive entsteht unternehmens- und
branchenabhängig ein bestimmtes Verständnis von Nachhaltigkeit, welche das
Fundament für die Nachhaltigkeitsstrategie bildet. Aus diesem Verständnis wird
die Bedeutung der Nachhaltigkeit für das Marktpotenzial und die
Leistungserstellung abgeleitet. Je nach Unternehmenskontext sind bestimmte
Komponenten relevanter als andere. Die soziale Komponente ist in
arbeitsintensiven Sektoren beispielsweise wichtiger als die ökologische.[62] Zur
Konkretisierung kann das Modell nach Weber et al. herangezogen werden (siehe
Abbildung 8).

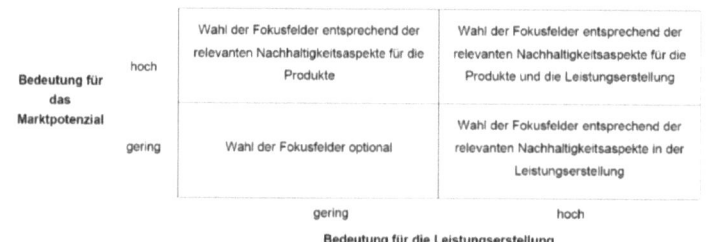

Abbildung 8: Wahl der Fokusfelder in Abhängigkeit der Bedeutung von Nachhaltigkeit
für das Marktpotenzial und die Leistungserstellung[63]

Unternehmen, die eine hohe Bedeutung von Nachhaltigkeit für ihr Marktpotenzial
erkennen, sollten Fokusfelder mit produktrelevanten Themen wählen.
Automobilhersteller können beispielsweise Fokusfelder wie die Treibstoffeffizienz
oder den Klimaschutz wählen.[64] Analog dazu sollten Unternehmen mit einer hohen

---

[61] Weber et al., 2012, S.53

[62] Zorzini et al., 2015, S.61

[63] Weber et al., 2012, S.57

[64] Weber et al., 2012, S.56

Bedeutung für die Leistungserstellung ihre Fokusfelder diesbezüglich wählen. Die Textilindustrie belastet die Umwelt jährlich mit 1,7 Milliarden Tonnen CO_2 und trägt damit signifikant zu den globalen Treibhausgasemission bei.[65] Unternehmen dieser Branche könnten durch die Wahl von Fokusfeldern wie z.B. Ökologischer Effizienz deutlich zu einer nachhaltigen Entwicklung des Unternehmens und der Umwelt beitragen.

Unternehmen mit einer hohen Bedeutung von Nachhaltigkeit für die Leistungserstellung und das Marktpotenzial legen Fokusfelder fest, die sich gleichzeitig auf die Produkte und die Leistungserstellung beziehen. Für Unternehmen, die sich in der Matrix links unten befinden ist die Definition von Fokusfeldern nicht zwingend erforderlich, kann aber dennoch aufgrund unternehmensexterner Öffentlichkeitswirkung sinnvoll sein.[66]

Prinzipiell kann die Wahl der Fokusfelder auch aus der Vergangenheit entstandenen Problemen durch das Unternehmen bezüglich Gesellschaft oder Umwelt definiert werden. Wenn ein Chemieunternehmen beispielsweise einen großen Umwelteinfluss hat, und durch schlechte Leistungen bereits unter Druck geraten ist, kann ein Fokusfeld, das dieses Problem adressiert durchaus sinnvoll sein. In der Praxis bedienen sich Unternehmen bei der Wahl der Fokusfelder oft an den SDG's, da diese die wesentlichen globalen Prioritäten bezüglich Nachhaltigkeit beinhalten.

Der Ökonomische Triple-Bottom-Line-Ansatz wird neben der Definition von Fokusfeldern durch die strategische Positionierung eines Unternehmens im Vergleich zu seinen Wettbewerbern weiter präzisiert. Bezüglich Nachhaltigkeit lassen sich vier unterschiedliche strategische Positionierung erkennen, die verschiedene Zielsetzungen verfolgen: Vorreiter, Spitzengruppe, Mittelfeld und Schlusslicht. Je nach Interpretation lassen sich in der Literatur auch leichte begriffliche Abweichungen finden, wie beispielsweise die von WWF verwendeten Begriffe: Latecomers/Intransparent, Lower Midfield, Upper Midfield, Ambitious und Visionary.[67]

Vorreiter verfolgen das Ziel, das mit der Nachhaltigkeitsthematik verbundene wirtschaftliche Potenzial maximal auszuschöpfen. Hierfür bedarf es auf Produkt- oder Leistungserstellungsseite einer klaren Wettbewerbsdifferenzierung.

[65] WWF Schweiz, 2020

[66] Weber et al., 2012, S.57

[67] WWF Schweiz, 2017, S.5

Unternehmen die als Vorreiter gelten setzen Nachhaltigkeitsstandards und ergreifen vor den Wettbewerbern relevante Maßnahmen bei den Produkten oder in der Leistungserstellung. Ebenfalls einen wirtschaftlichen Nutzen aus der Nachhaltigkeit möchte die Spitzengruppe generieren. Im Gegensatz zu der Vorreiter-Positionierung erfordert die Positionierung der Spitzengruppe kein „trendsetting", sondern das rasche Aufgreifen relevanter Nachhaltigkeits-maßnahmen. Unternehmen, die sich strategisch im Mittelfeld positionieren sind auf die Vermeidung einer negativen Wahrnehmung des Unternehmens in der Öffentlichkeit fokussiert. Ausschlaggebend sind hier die strategische Identifikation und Adressierung der Nachhaltigkeitsthemen, bei denen das Unternehmen in der Gesellschaft negativ wahrgenommen werden könnte. Potenziale aus der Nachhaltigkeit werden hier nur zur Risikominimierung genutzt und nicht wirtschaftlich abgeschöpft. Die letzte strategische Positionierung, die Schlussgruppe, verfolgt das Ziel, Nachhaltigkeitsaktivitäten eine möglichst geringe Beachtung zu schenken. Unternehmen dieser Positionierung beschränken ihre Aktivitäten auf die Umsetzung von Mindeststandards.

Die angestrebte strategische Positionierung ist erneut von der Bedeutung der Nachhaltigkeitsthematik für das Unternehmen auf Marktpotenzial- sowie Leistungserstellungsseite abhängig. Bei einer hohen Bedeutung sollten Unternehmen eine führende Rolle anstreben. Bei einer geringen Bedeutung besteht für Unternehmen die Möglichkeit, jedoch keine Notwendigkeit, eine führende Rolle diesbezüglich einzunehmen. Anzumerken ist dennoch, dass eine strategische Positionierung wie das „Schlusslicht" ein hohes Risiko beinhaltet. Unternehmen dieser Positionierung können schnell in öffentliche Kritik geraten und Wettbewerbsvorteile verlieren.[68]

Nach der Wahl von Fokusfeldern und einer strategischen Positionierung müssen Nachhaltigkeitsziele definiert werden, um Ziele und damit den Erfolg der Strategie messbar zu machen. Es bietet sich aus strategischer Sicht an, die Ziele jeweils für die Fokusfelder zu definieren, um einen besseren Überblick zu erhalten. Im Anschluss an die Auswahl der Ziele muss die Bandbreite der Ziele definiert werden. Hierzu werden finanziell rentable Maßnahmen definiert und aus dem ökonomischen Triple-Bottom-Line-Ansatz die mögliche Bandbreite der Zielhöhe abgeleitet.[69] Unternehmen sollten nur Maßnahmen realisieren, die einen

---

[68] Weber et al., 2012, S.59-61
[69] Weber et al., 2012, S.62

ökonomischen Mehrwert erzeugen. Zu betonen ist, dass auch Maßnahmen mit einem negativen finanziellen Beitrag vorteilhaft sein können, wenn sie eine Imageverbesserung oder Risikoreduktion mit sich bringen, da dies wiederum einen ökonomischen Mehrwert schafft. Je nach Positionierung ist das Intervall der Zielhöhe unterschiedlich.[70] Fokusfelder sollten strategisch so gewählt werden, dass ein möglichst hoher Beitrag zu einer nachhaltigen Entwicklung geleistet werden kann und Berührungspunkte mit allen drei Zieldimensionen der Nachhaltigkeit erkennbar werden.

Charakterisierend für nachhaltigkeitsorientierte Unternehmensstrategien sind die übergeordneten Nachhaltigkeitsziele, welche von den strategischen TOP-Zielen aus der Unternehmensvision abgeleitet werden. Nachhaltigkeit muss in nachhaltigkeitsorientierten Unternehmen elementar verankert sein.

3.5.2 Strategie Typologien

Gedanklich anknüpfend an die erläuterten strategischen Positionierungen (Vorreiter, Spitzengruppe, Mittelfeld, Schlusslicht) lassen sich in der Literatur unterschiedliche Typologien nachhaltigkeitsorientierter Unternehmensstrategien finden. Die im Folgenden dargestellten Typologien stellen Ansätze idealtypischer Strategien dar und sind in Reinform in der Praxis kaum anzutreffen. Sie sind als Basis zur Ausgestaltung unternehmensspezifischer Nachhaltigkeitsstrategien zu verstehen.

Dyllick unterscheidet nachhaltigkeitsorientierte Wettbewerbsstrategien, *„da davon auszugehen ist, dass die meisten Unternehmen Nachhaltigkeit aus wettbewerbsstrategischen Gründen verfolgen".*[71]Durch Gminder et al. wurden diese zu folgenden nachhaltigkeitsorientierten Strategie-Typologisierungen weiter-entwickelt:

- sicher (Risikoverminderung/-beherrschung)

- glaubwürdig (Verbesserung von Image und Reputation)

- effizient (Verbesserung von Produktivität und Effizienz)

- innovativ (Differenzierung im Markt)

- transformativ (Entwicklung von Märkten).[72]

---

[70] Weber et al., 2012, S.63

[71] Dyllick, T., 2004, S.96

[72] Gminder, U. J., 2006, S.101

Diese Strategietypen stellen idealtypische Betrachtungen dar. Sie können auch als Entwicklungsstufen für Unternehmen in Richtung einer nachhaltigen Entwicklung, angefangen mit dem Typ *„sicher"*, aufgefasst werden. Hardtke und Prehn nehmen eine ähnliche Einteilung vor und unterscheiden folgende Ansätze: introvertiert, extrovertiert, konservativ, visionär und transformierend. Unternehmen, die der Typologie Introvertiert zuzuordnen sind, fokussieren sich auf die Einhaltung von Nachhaltigkeitsrelevanten Rechtsvorschriften. Extrovertiert handelnde Unternehmen berücksichtigen die Bedürfnisse der Stakeholder und versuchen dadurch die Legitimität der Unternehmenstätigkeit abzusichern. Konservative Strategien stellen die Erhöhung der Öko-Effizienz, die im Kapitel der ökologisch nachhaltigen Strategien genauer erläutert wurde, in den Mittelpunkt ihrer Nachhaltigkeitsaktivitäten. Der wichtigste Treiber für konservativ handelnde Unternehmen ist damit die Kostenführerschaft. Unternehmen mit visionären Strategien betrachten Nachhaltigkeit gesamtheitlich und machen diese zum Kern der Unternehmensstrategie. Ziel ist dabei eine Differenzierung am Markt zu erreichen und die Einnahmen durch Differenzierung und Kapitalisierung der Potenziale zu steigern. Unternehmen der Kategorie transformierend bauen das Unternehmen um das Ziel der Nachhaltigkeit herum neu auf. Eigenschaften der Strategietypen extrovertiert, konservativ und visionär werden integriert und neue Märkte geschaffen.[73]

Der letzteren Typologisierung als Ansatz nachhaltigkeitsorientierter Unternehmensstrategien folgen bisher nur wenige Unternehmen.

Ein dem Strategietyp transformierend zuzuordnendes Unternehmen ist MPowerd. Das 2012 gegründete Startup startete mit der innovativen Erfindung eines aufblasbaren Solarlichtes. Das Unternehmensziel war und ist es, *„ein erschwingliches Produkt für saubere Energie herzustellen, das Menschen in jeder Situation nutzen können".*[74] Denn über 3 Milliarden Menschen haben weltweit keinen Zugang zu sauberer, zuverlässiger oder erschwinglicher Energie, wodurch alltägliche Aufgaben sich schwieriger und gefährlicher gestalten, als sie sein sollten. Zugang zu sauberer Energie kann die Gesundheit verbessern, Gleichstellung der Bildung, Stärkung der Wirtschaft fördern und den Klimawandel bekämpfen. Durch Partnerschaften stellt MPowerd saubere Energie denjenigen,

---

[73] Hardtke, A. et al., 2001, S.98-99
[74] MPowerd, 2019

die sie am dringendsten benötigen zur Verfügung.[75] Das Unternehmen hat es sich zur Kernaufgabe gemacht einen positiven sozialen Einfluss zu haben, sowie die Umweltbelastung zu verringern. Das Unternehmen verfolgt vorherrschend das Ziel einen signifikanten Beitrag zur Nachhaltigkeit leisten zu können, durch die Mission allen Menschen, und vor allem jenen, die Sie aktuell nicht zur Verfügung haben, saubere und zuverlässige Energie zur Verfügung zu stellen.

Aufgrund stetiger, rasanter Veränderungen des Marktes, bedarf es eines kontinuierlichen Lernprozesses, der die strategische Nachhaltigkeit in bestimmten zeitlichen Abständen an die neuen Gegebenheiten des Marktes anpasst. Dieser kontinuierliche Lernprozess muss bereits im Prozess der Strategieentwicklung integriert werden.

3.5.3 Nachhaltigkeitsorientierte Strategieentwicklung

Um die Thematik vollumfänglich zu erfassen, muss der Prozess der Strategieentwicklung nachhaltigkeitsorientierter Unternehmensstrategien zusammenfassend dargestellt werden.

Das unternehmensspezifische Verständnis über das Konzept der Nachhaltigkeit ist die Basis für nachhaltigkeitsorientierte Strategieentwicklung. Diese sollte auf normativer Ebene erfolgen und demnach Nachhaltigkeit als Teil der Vision und grundsätzlichen Ausrichtung des Unternehmens integrieren.[76]

Die Planung lässt sich nach Baumgartner in folgende Phasen unterteilen (siehe Abbildung 9):

- Festlegung der grundsätzlichen Ausrichtung: Introvertierte oder aktive Nachhaltigkeitsstrategie?
- Langfristige Nachhaltigkeitsziele
- Strategietyp (extrovertiert, konservativ oder visionär) und Handlungsebene bestimmen, konkrete Ziele festlegen
- Maßnahmen planen und umsetzen[77]

---

[75] MPowerd, 2019

[76] Baumgartner, R.J., 2010, S.154

[77] Baumgartner, R.J., 2010, S.154-155

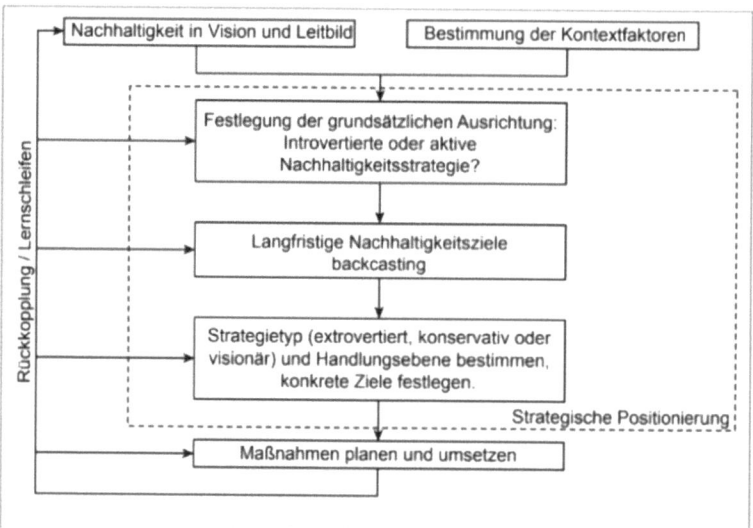

Abbildung 9: Planungsprozess nachhaltigkeitsorientierter Unternehmensstrategien

In der ersten Phase muss die grundsätzliche Ausrichtung festgelegt werden. Unterschieden werden kann hier, anknüpfend an die Typologien von Hardtke et al., prinzipiell zwischen einer introvertierten oder aktiven Nachhaltigkeitsstrategie. Diese grundsätzliche Ausrichtung ergibt sich aus der Bestimmung der Kontextfaktoren, z.B. durch eine Umweltanalyse, und durch die Klärung des Selbstverständnisses von Nachhaltigkeit. Bei geringer Relevanz wird bewusst eine introvertierte Strategie gewählt. Mit steigender Relevanz wird zwischen den unterschiedlichen aktiven Strategien gewählt. Wenn eine aktive Strategie gewählt werden soll, wird in der darauffolgenden Phase der Strategieentwicklung eine Festlegung langfristiger und grundsätzlicher Nachhaltigkeitsziele nötig. Hierzu sind Zeitpunkte der Zielerreichungen zu definieren. Mithilfe dieser Ziele ergibt sich einer der Strategietypen (nach Hardtke et al.): extrovertiert, konservativ oder visionär. Im gleichen Zug muss die Handlungsebene bestimmt werden, sowie konkrete Zielefestgelegt werden. Abgeleitet von den Zielen können in der nächsten Phase konkrete Maßnahmen geplant und umgesetzt werden.[78]

Wie in Abbildung 9 gut zu sehen ist, unterliegt bereits die Strategieentwicklung einem stetigen Verbesserungsprozess, die in der Abbildung durch sogenannte Lernschleifen abgebildet sind. Nachdem der Entwicklungsprozess zum ersten

---

[78] Baumgartner, R.J., 2010, S.154-155

abgeschlossen wird, muss die gesamte Nachhaltigkeitsstrategie in definierten zeitlichen Abständen überprüft, verändert und verbessert werden, da der Markt sich ständig verändert

Die tatsächliche Umsetzung ist maßgeblich für den Erfolg einer Strategie. Die auf strategischer Ebene abgeleiteten Zielsetzungen und Strategien müssen auf operativer Ebene umgesetzt werden. Die konkrete Ausarbeitung der Verwirklichung auf operativer Ebene gleitet allerdings über den Umfang dieser Arbeit hinaus. Um den theoretischen Teil der Thematik vollumfänglich abzuschließen muss dies jedoch erwähnt werden.

4 Analyse der nachhaltigen Unternehmensstrategie von Henkel

4.1 Unternehmensstrategie

Im Folgenden wird die Strategie des Unternehmens Henkel auf ihre Vereinbarkeit mit den Grundsätzen der Nachhaltigkeit überprüft. Hierzu wird eingangs die Unternehmensstrategie dargestellt und auf die korrekte Implementierung elementarer Nachhaltigkeitsgrundsätze geprüft, um anschließend die Nachhaltigkeitsstrategie zu analysieren. Die Analyse wird mit einer zusammenfassenden Bewertung abgeschlossen.

Der Hersteller Henkel ist mit weltweiten Marken und Techniken in den drei Geschäftsfeldern Laundry and Home Care (Wasch-/Reinigungsmittel), Beauty Care (Schönheitspflege) und Adhesive Technologies (Klebstoff-Technologien) vertreten. Dabei adressiert Henkel die drei Kundensegmente: Konsumenten, Fachleute und Industrie.[79] Das langjährige Engagement für Nachhaltigkeit von Henkel würdigte die Jury des Nachhaltigkeitspreises durch die Platzierung unter die Top 5 des Jubiläumspreises *„10 Jahre Deutscher Nachhaltigkeitspreis“*.[80]

Der Unternehmenszweck *„Nachhaltig Werte schaffen“* und die Werte des Unternehmens bilden die Basis für den strategischen Handlungsrahmen des Unternehmens. Bereits hier betont das Unternehmen sein langfristiges Ziel einer nachhaltigen Entwicklung. Auch bei den Unternehmenswerten bildet Nachhaltigkeit einen von fünf Bausteinen. Das Unternehmen möchte gemeinsam mit Mitarbeitern, Partnern und Anspruchsgruppen mit seinem Handeln nachhaltig Werte schaffen. Hierzu gehört für das Unternehmen auch die Übernahme von Verantwortung. Dies gilt sowohl für die Sicherheit und Gesundheit der Mitarbeiter, Kunden und Konsumenten als auch für den Umweltschutz und die Lebensqualität des Unternehmensumfeldes.[81] Auf der Webseite des Unternehmens kommuniziert der Konzern: *„Henkel strebt eine Balance zwischen den Ansprüchen der Gesellschaft, der Verantwortung für die Umwelt und wirtschaftlichem Erfolg an. Unser ausdrückliches Bekenntnis zur Nachhaltigkeit war schon immer ein wichtiger Faktor unserer erfolgreichen Entwicklung. Wir verfolgen alle Aspekte nachhaltigen Handelns mit einem langfristigen und unternehmerischen Ansatz. Dabei wollen wir*

---

[79]Henkel, 2020
[80] Deutscher Nachhaltigkeitspreis, 2018
[81]Henkel, 2020

nicht nur bestehende Standards einhalten, sondern auch neue setzen."[82] Primär basiert Henkels Wertverständnis von Nachhaltigkeit auf dem unternehmensspezifischen Verständnis der drei Zieldimensionen der Nachhaltigkeit: Ökologie (Verantwortung für die Umwelt), Soziales (Ansprüche der Gesellschaft) und Ökonomie (wirtschaftlicher Erfolg). Henkel entwickelte eine integrative, dreidimensionale Perspektive auf die Zieldimensionen, bei einer gleichzeitigen Beachtung des ökonomischen Triple-Bottom-Line Ansatzes. Nachhaltigkeit wird als bedeutender und elementarer Erfolgsfaktor des Unternehmens verstanden der einen ökonomischen Mehrwert für Henkel generiert. Das Unternehmen geht die Thematik langfristig und unternehmerisch an, denkt über Standards hinaus und setzt neue Branchenstandards. Die Unternehmensstrategie ist damit als grundlegend nachhaltigkeitsorientiert zu bewerten, da die Basis für die Unternehmensstrategie, der Unternehmenszweck sowie die Unternehmenswerte, auf dem Prinzip der Nachhaltigkeit basieren.

Die drei Hauptelemente der Unternehmensstrategie sind, wie in Abbildung 10 zu sehen, ein erfolgreiches Portfolio, klare Wettbewerbsvorteile in den Bereichen Innovation, Nachhaltigkeit und Digitalisierung und ein zukunftsfähiges Geschäftsmodell. Aufbauend auf der Unternehmenskultur des Unternehmens, welche von enger Zusammenarbeit und Gestaltungsspielräumen für die Mitarbeiter geprägt ist, bilden diese Bausteine den strategischen Rahmen der Unternehmung.

---

[82] Henkel, 2020

Abbildung 10: Strategischer Rahmen bei Henkel

Das wichtigste Merkmal einer Unternehmensstrategie zur Überprüfung auf eine Orientierung am Prinzip der Nachhaltigkeit, ist die Implementierung des Nachhaltigkeitsgedankens als elementaren Baustein der Strategie, welche bereits bestätigt wurde. Des Weiteren dürfen die übrigen Elemente der Strategie in keiner konfliktären Beziehung zu den Prinzipien der Nachhaltigkeit stehen. Dies wird im Folgenden überprüft.

Wesentlich für die strategische Ausrichtung von Henkel ist das aktive Portfoliomanagement. Basierend auf der nachhaltigen Unternehmensphilosophie des nachhaltigen Werteschaffens, wird in Zukunft das Portfolio der Produkte die zu CO_2-Einsparungen beitragen weiter ausgebaut.[83]

Die drei essenziellen Wettbewerbsvorteile des Unternehmens sind in den Bereichen Innovation, Nachhaltigkeit und Digitalisierung. Das Unternehmen investiert hohe Summen in erfolgsversprechende Innovationen, um diese zu beschleunigen. Henkel betont Nachhaltigkeit als eine zentrale Säule der Innovationsstrategie. Mithilfe von Innovationen möchte Henkel bei gleichzeitig höherer Lebensqualität einen geringeren Material- und Rohstoffverbrauch ermöglichen. Die stellt die zwei zentralen Bereiche der Nachhaltigkeitsstrategie von Henkel dar. Der Anspruch nach Nachhaltigkeit ist im Innovationsprozess systematisch verankert, wie beispielsweise durch den Einsatz des Henkel-Sustainability#-Master®. Dessen Ergebnissewerden genutzt, um Innovationen mit

---

[83] Henkel, 2020

verbesserter Nachhaltigkeitsbilanz zu entwickeln. Auch die Lieferanten des Unternehmens tragen maßgeblich zu nachhaltigen Innovationen bei.[84]

Nachhaltigkeit stellt einen wichtigen Wettbewerbsvorteil des Unternehmens durch erfolgreiche Differenzierung vom Wettbewerb dar. Nachhaltigkeit wird vom Unternehmen als kontinuierlicher Prozess erkannt. Um die Differenzierung im Wettbewerb weiter halten und ausbauen zu können, strebt Henkel weitere ambitionierte Ziele an:

- Bis 2040 ein klimapositives Unternehmen sein
- Verpackungsziele bis 2025 zur Förderung einer Kreislaufwirtschaft
- verstärkter Einfluss auf die Gesellschaft, wie beispielsweise durch eine verantwortungsbewusste Beschaffung

Nachhaltigkeit ist in den Innovationsstrategien der Konsumgütergeschäfte Beauty Care und Laundry & Home Care eine zentrale Säule, da die Produktportfolios mit besonderem Schwerpunkt auf nachhaltige Verpackungslösungen weiterentwickelt werden. Im Bereich der Adhesive Technologies möchte Henkel weiter das Potenzial seiner Produkte und Technologie, nachhaltige Industriestandards zu setzen auszuschöpfen.

Der dritte Wettbewerbsvorteil von Henkel, die Digitalisierung, soll genutzt werden, um die Wertschöpfung für Kunden und Konsumenten zu steigern. Der digitale Geschäftsfokus soll gestärkt und Effizienz ermöglicht werden. Das Prinzip der Effizienz ist der Nachhaltigkeit zuzuordnen.

Das zukunftsfähige Geschäftsmodell wird durch schlanke, schnelle und einfach aufgestellte Geschäftsprozesse umgesetzt. Neue Geschäftsmodelle werden entwickelt und Effizienzsteigerungen angestrebt. Nachhaltigkeit bedingt eine Transformation der Geschäftsmodelle und -prozesse, weshalb die frühzeitige Entwicklung einen klaren Wettbewerbsvorteil durch Differenzierung zum Wettbewerb schaffen kann.Basierend auf dem Unternehmenszweck ist davon auszugehen, dass die Entwicklungen nachhaltigkeitsorientiert stattfinden.

Den strategischen Rahmen des Unternehmens hält die Kultur der Zusammenarbeit und der Gestaltungsspielraum für Mitarbeiter zusammen. Dies knüpft an die soziale Zieldimension der Nachhaltigkeit an, da das Unternehmen seine Mitarbeiter als elementaren Baustein seiner Strategie sieht.

---

[84] Henkel, 2019, S.41

4.2 Nachhaltigkeitsstrategie

4.2.1 Darstellung der Strategie: Handlungsfelder und Fokusfelder

Um die führende Rolle im Bereich Nachhaltigkeit weiter ausbauen zu können, entwickelte Henkel eine eigene Nachhaltigkeitsstrategie, welche sich komplementär zur nachhaltigkeitsorientierten Unternehmensstrategie verhält und einem kontinuierlichen Weiterentwicklungsprozess unterliegt.

Im Mittelpunkt der Nachhaltigkeitsstrategie steht das Ziel des Unternehmens, mehr Wert für alle Stakeholder und das Unternehmen zu schaffen und dabei gleichzeitig den ökologischen Fußabdruck des Unternehmens zu reduzieren. Die Strategie stützt sich demnach auf zwei große Handlungsfelder. Die Vision bis zum Jahr 2030 ist es, den entstehenden Wert aus der Geschäftstätigkeit im Verhältnis zum ökologischen Fußabdruck zu verdreifachen.[85]

Die Nachhaltigkeitsaktivitäten des Unternehmens entlang der Wertschöpfungskette stützen sich auf die beiden Handlungsfelder *„mehr Wert schaffen"* und *„Fußabdruck reduzieren"* in welchen jeweils drei Fokusfelder definiert wurden. Das Unternehmen strebt eine höhere Wertschöpfung in den Bereichen *„Gesellschaftlicher/sozialer Fortschritt", „Leistung"* und *„Gesundheit und Sicherheit"* an. Um den Ressourcenverbrauch des Unternehmens, und dadurch den ökologischen Fußabdruck zu reduzieren, konzentriert sich das Unternehmen auf die Fokusfelder *„Energie und Klima", „Materialien und Abfall"* und *„Wasser und Abwasser"*[86] (siehe Abbildung 11).

---

[85] Henkel, 2019, S.11
[86] Henkel, 2019, S.12

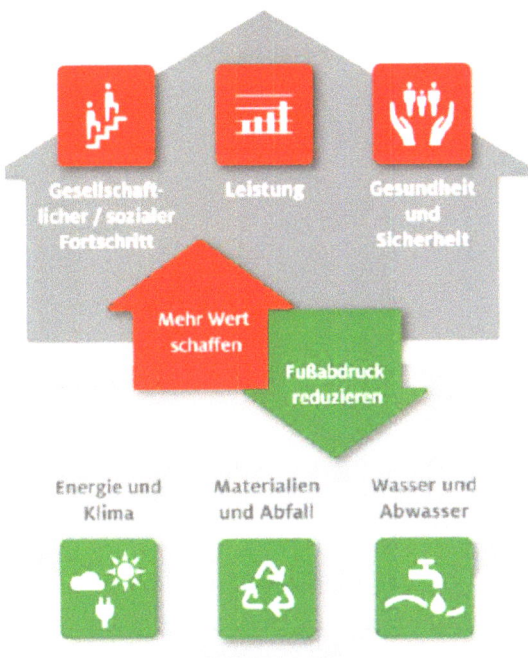

Abbildung 11: Fokusfelder der Nachhaltigkeitsstrategie von Henkel

4.2.2 Konkretisierung: Themen und Ziele

Zur weiteren Konkretisierung ermittelte Henkel jeweils für die sechs Fokusfelder relevante Themen und konkrete Ziele. Die aufgeführten Ziele in Abbildung 12 weisen hohe Relevanz auf Marktpotenzial- sowie Produkterstellungsseite für Henkel auf. Beispielhaft anhand des Fokusfeldes *„Materialien und Abfall"* ist der Rohstoffverbrauch zu nennen (vgl. Abbildung 12). Dieser hat hohe Relevanz auf Produkterstellungsseite für Henkel. In der ersten Phase der Wertschöpfung *„Rohstoffe"*[87] kann durch einen durch geringeren Rohstoffverbrauch ein wesentlicher Beitrag im Fokusfeld der Materialien und Abfall getätigt werden. Durch reduzierten Rohstoffverbrauch sinken daraus resultierende Abfälle.

---

[87]Henkel, 2019, S.67

Durch zusätzlich erhöhten Einsatz von nachwachsenden Rohstoffen (vgl. Abbildung 12) steigt der Prozentsatz nachhaltiger Materialien in der Wertschöpung, und trägt zu einer nachhaltigen Lieferkette, sowie Produkten, durch eine Reduktion der indirekten Emissionen in CO_2-Äuqivalenten bei.[88]

Abbildung 12: Themen der Fokusfelder von Henkel

Der Ermittlungsprozess relevanter Themen bei Henkel wird mithilfe verschiedener Instrumente gestaltet und in einem stetigen Prozess erfasst und bewertet. Die Bedeutung der Themen wird in Bezug zum Unternehmen, die Umwelt und die Gesellschaft beurteilt. Wichtig ist hierbei die Miteinbeziehung der Stakeholder, die maßgeblich am Wertschöpfungsprozess beteiligt sind. Zur Bewertung und Priorisierung relevanter Themen arbeitet Henkel mit verschiedenen Mess- und Bewertungsmethoden. Eigens hierfür wurde der Henkel-Sustainability#Master® entwickelt. Er dient der Nachhaltigkeitsbewertung von Produkten und Prozessen mit dem Ziel, den Produktwert zu steigern und gleichzeitig den ökologischen Fußabdruck zu reduzieren. Auf Basis von wissenschaftlichen Messmethoden können für jede Produktkategorie entlang des gesamten Wertschöpfungsprozesses des Unternehmens Hotspots identifiziert werden. Hotspots stellen Bereiche mit der größten Nachhaltigkeitsrelevanz für die zwei Dimensionen, Wert und Fußabdruck, dar. Anhand dessen können Nachhaltigkeitsprofile für Produkte oder Prozesse erstellt und verglichen werden. Die Forschungs- und Entwicklungsabteilung von Henkel nutzt diese Erkenntnisse für Innovationen und Produktverbesserungen. Nachhaltigkeit wird somit fundamental in den Innovationsprozess integriert.

---

[88]Henkel, 2019, S.151

Die größten von Henkel emittierten CO_2-Emissionen resultieren mit 66 % aus der Verwendung der Produkte.[89] Der ökologische Fußabdruck vieler Produkte wird demnach zum Großteil in der Anwendungsphase bestimmt, weshalb den Verbrauchern eine bedeutende strategische Rolle zukommt. Aus diesem Grund fördert das Unternehmen nachhaltigen und ressourcenschonenden Konsum.[90] Beispielhaft ist hier das neue Logo mit dem Aufruf *„sei nachhaltig – wasche kalt"* zu nennen, dass Verbraucher zu nachhaltigem Waschverhalten motivieren soll.[91] Es ist fraglich, ob Henkel tatsächlich einen so großen Einfluss auf das Handeln seiner Verbraucher haben wird. Einen großen strategischen Hebel in Richtung nachhaltige Entwicklung verzeichnet Henkel durch die Entwicklung von Produkten, die den effizienten Einsatz von Ressourcen im täglichen Leben ermöglichen. Erfolgreiche Beispiele liefern hier die Flüssigwaschmittel der Marken Persil, Spee und Weißer Riese. In jedem Waschmitteltropfen konnte die Flecklösekraft um bis zu 40 % gesteigert werden. Die gesteigerte Leistung bezüglich Flecken ermöglicht es Verbrauchern, *„bei niedrigen Temperaturen [...] ein sehr gutes Waschergebnis zu erzielen".*[92]

Das global agierende Unternehmen arbeitet mit Lieferanten aus rund 135 Ländern und Produktionsstätten auf sechs Kontinenten zusammen. Hieraus resultiert eine Verantwortung nachhaltigen Handelns bei allen Aktivitäten des Unternehmens entlang der gesamten Wertschöpfungskette. Aus diesem Grund definiert das Unternehmen zusätzlich für die sechs Phasen seiner Wertschöpfungskette jeweils umfassende Ziele, die gemeinsam mit den Partnern erreicht werden sollen. Henkel verpflichtet seine Partner zur Einhaltung derselben Nachhaltigkeitsstandards wie das Unternehmen selbst, und sorgt so für eine möglichst nachhaltige Lieferkette.[93]

Die analysierten Themengebiete der ökologische Zieldimension der Nachhaltigkeitsstrategie von Henkel sind als strategisch sinnvoll zu bewerten. Positiv anzumerken, ist die Bemühung seitens Henkel, seine Konsumenten und Lieferanten zu einem nachhaltigeren Konsum zu bewegen.

---

[89] Henkel, 2019, S.151
[90] Henkel, 2019, S.69
[91] Henkel, 2019, S.107
[92] Henkel, 2019, S.107
[93] Henkel, 2019, S.13

4.2.3 Die soziale Zieldimension

Die soziale Zieldimension betreffend, lassen sich in den definierten Fokusfeldern zwei Fokusfelder finden, welche direkte Berührungspunkte mit der Zieldimension der sozialen Nachhaltigkeit haben: gesellschaftlicher/sozialer Fortschritt, sowie Gesundheit und Sicherheit.

Die Themen, welchen die die strategische Aufmerksamkeit gewidmet wird, wurden bereits in Abbildung 13 abgebildet. Im Folgenden soll genauer darauf eingegangen werden.

Im Fokusfeld des gesellschaftlichen/sozialen Fortschrittes sind die Themen Faire Geschäftspraktiken, Menschenrechte, Faire Arbeitsbedingungen, Mitarbeiter-entwicklung, Diversity, Lieferantenbeziehungen und Corporate Volunteering aufgeführt. Im Fokusfeld Gesundheit und Sicherheit legt Henkel den strategischen Fokus auf die Themen Arbeitssicherheit und -gesundheit, Anlagensicherheit, Produktsicherheit und -informationen, Alternative Testmethoden und Hygiene (siehe Abbildung 13).94

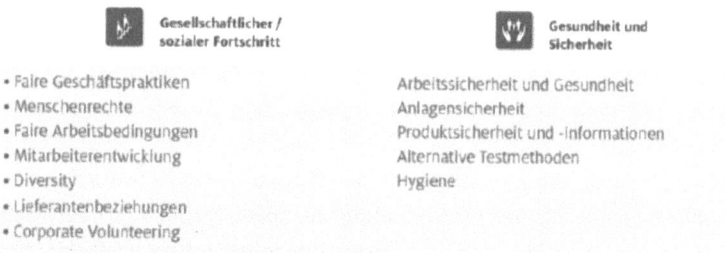

Abbildung 13: Soziale Themen der Nachhaltigkeitsstrategie von Henkel[95]

Das übergeordnete Ziel im Fokusfeld des gesellschaftlichen/sozialen Fortschrittes des Unternehmens ist es, aktiv zu einem gesellschaftlichen Fortschritt beizutragen. Dies soll insgesamt durch folgende konkrete Zielerreichung realisiert werden:

- Verbesserung der Arbeitsbedingungen für 1 Million Arbeitskräfte
- Erreichung von 10 Millionen Menschen durch gesellschaftliches Engagement

---

[94]Henkel, 2019,S.24
[95]Henkel, 2019,S.24, eigene Darstellung

- Erreichung von 200.000 Schülern mit Bildungsinitiativen
- Alle Mitarbeiter des Unternehmens für Nachhaltigkeit aktivieren und trainieren[96]

Henkel möchte sichere Arbeitsplätze und bessere Gesundheit und Hygiene bieten. Die Gesundheit und Sicherheit der Mitarbeiter steht für Henkel im Vordergrund. Von gesunden und glücklichen Mitarbeitern kann das Unternehmen nur profitieren, denn diese Mitarbeiter können und werden besser arbeiten. Henkel erkennt seine Verantwortung als Hersteller durch Einbezug strategischer Themen wie z.B. die Anlagensicherheit.

Die soziale Nachhaltigkeitsstrategie von Henkel profitiert von der gegenseitigen Abhängigkeit des Unternehmens und der Gesellschaft. Das soziale Engagement des Unternehmens trägt zu einem gesellschaftlichen Fortschritt bei, welcher wiederum einen positiven Effekt auf das Unternehmen hat. Henkel konnte bereits einige Aktionen erfolgreich umsetzen, wie beispielsweise die Verbesserung der Einkommensmöglichkeiten der Kleinbauern in der Palmölproduktion.[97] Diese haben Berührungspunkte mit der Lieferkette des Konzerns und sind an der Wertschöpfung beteiligt. Durch die Unterstützung seitens Henkel wird die Lieferantenbeziehung verstärkt, die Kleinbauern fühlen sich als ein wichtiger Bestandteil in der Wertschöpfungskette. Zufriedene Lieferanten werden gerne und besser für das Unternehmen arbeiten, und werden so zu einem Erfolgsfaktor für Henkel. Der soziale Fortschritt, in diesem Fall die Verbesserung der Einkommensmöglichkeiten der Kleinbauern, führt zugleich zu einem ökonomischen Nutzen für das Unternehmen.

Durch das zusätzliche aktive unterstützen der SDG's verfolgt Henkel weitere die soziale Zieldimension der Nachhaltigkeit betreffende Ziele, die globale Priorität genießen Das Unternehmen setzt sich beispielsweise für das SDG 1 (keine Armut), SDG 2 (kein Hunger) und SDG 3 (Gesundheit und Wohlergehen) ein.[98]

Aus strategischer Sicht ist das soziale Engagement des Konzerns als erfolgreich zu bewerten, da durch die Definition der Fokusfelder und Konzentration auf bestimmte Aktivitäten tatsächlicher gesellschaftlicher Fortschritt erreicht werden kann. Die beiden Sichtweisen „von innen nach außen" und „von außen nach innen"

---

[96]Henkel, 2019, S.25
[97]Henkel, 2019,S.18
[98] Henkel, 2019, S.14

nutzt Henkel für sich. Durch den aktiven Einsatz für die Gesundheit und Sicherheit der Mitarbeiter, setzt sich Henkel nachhaltig für das Wohlergehen seiner Mitarbeiter ein. Die Festlegung konkreter, messbarer Ziele lässt die Erreichung langfristiger, strategischer Ziele realistisch erscheinen. Henkel hat die Aufgabe, die dem Unternehmen gegenüber der Gesellschaft zukommt, verstanden, und nutzt diese strategisch sinnvoll für sich.

Die soziale Zieldimension wird von Henkel in der Nachhaltigkeitsstrategie vollumfänglich berücksichtigt. Dies geschieht auf strategische Weise, durch eine strategische Auswahl der die soziale Zieldimension betreffenden Fokusfelder und Themen. Henkel setzt sich aktiv für die Gesellschaft, seine Mitarbeiter und die Verfolgung vieler sozialer SDG's ein.

4.3   Zusammenfassende Bewertung

Primär stellte sich die Frage, ob die Unternehmensstrategie des Unternehmens als nachhaltigkeitsorientiert gelten kann. Dies ist der Fall. In den für den strategischen Rahmen des Unternehmens als Basis geltenden Elementen der Unternehmenswerte sowie dem Unternehmenszweck ist der Nachhaltigkeitsgedanke grundgelegt. Die übrigen Elemente der Unternehmensstrategie verhalten sich unterstützend zum Nachhaltigkeitsgedanken oder stehen in keiner konfliktären Beziehung zu einer nachhaltigen Entwicklung. Teilaspekte der sozialen Nachhaltigkeit lassen sich bereits in der Unternehmensstrategie finden: Henkel betont im Unternehmenszweck, dass nachhaltig Werte für Mitarbeiter, die Gesellschaft und das Umfeld geschaffen werden sollen. Dies zeigt Henkels Bestrebung nicht nur Werte für das Unternehmen und seine Kunden schaffen zu wollen, sondern das aktive Wertschaffen für die Gesellschaft und das Umfeld. Das Unternehmen ist bemüht, Nachhaltigkeit von Grund auf als eine Philosophie des gesamten Unternehmens und seinem Handeln durchzusetzen, beginnend bei den eigenen Mitarbeitern.

Henkel formulierte zusätzlich eine explizite Nachhaltigkeitsstrategie, welche sich durch die nachhaltigkeitsorientierte Unternehmensstrategie komplementär zum strategischen Rahmen des Unternehmens verhält. Die Nachhaltigkeitsstrategie konzentriert sich auf zwei strategisch gewählte Handlungsfelder. Diese sind durch die jeweiligen Fokusfelder und klare Ziele bestmöglich konkretisiert worden, um eine spätere Überprüfung der Zielerreichung messbar zu machen. Aufgrund des sich ständig ändernden Marktes, kommt dem kontinuierlichen Verbesserungsprozess der Nachhaltigkeitsstrategie eine wichtige Aufgabe zu, welche Henkel erfolgreich erkennt und umsetzt. Das international agierende Unternehmen erkennt seine Verantwortung entlang der gesamten Lieferkette, und setzt sich für nachhaltige Standards entlang der gesamten Wertschöpfungskette ein. Dies zeigt das gesamtheitliche, strategische Denken des Unternehmens von Nachhaltigkeit als Standard, der auch von Lieferanten und Partnern erfüllt werden muss, um einen maximalen Beitrag zur nachhaltigen Entwicklung zu leisten.

Des Weiteren unterstützt Henkel aktiv die Umsetzung der SDG's und setzt sich damit für die weltweit prioritären Herausforderungen im Zuge der Nachhaltigkeit ein.[99] Henkel entwickelte eine dreidimensionale Perspektive der Nachhaltigkeit, die dem ökonomischen Triple-Bottom-Line Ansatz folgt. Die Nachhaltigkeitsziele enthalten Aspekte der ökologischen sowie der sozialen Zieldimension. Durch die strategische Vorgehensweise generieren diese Ziele einen ökonomischen Mehrwert für das Unternehmen, das von den Vorteilen seiner Vorreiter Rolle im Nachhaltigkeitsbereich profitiert.

---

[99] Henkel, 2019,S.14

5   Fazit

Unternehmen verfügen über zahlreiche Möglichkeiten, um langfristig und effektiv einen Beitrag zur Nachhaltigkeit leisten zu können. Die Implementierung elementarer Nachhaltigkeitsaspekte auf strategischer Ebene in Unternehmen ist für eine erfolgreiche, langfristige Unternehmensentwicklung unumgänglich. Nachhaltigkeit muss langfristig und strategisch gedacht werden, um eine maximal nachhaltige Entwicklung zu erreichen. Unternehmen müssen eine unternehmensspezifische dreidimensionale Perspektive auf die Zieldimensionen Ökologie, Ökonomie und Soziales entwickeln. Unternehmen gelten als nachhaltig handelnd, wenn Nachhaltigkeit elementar in die Unternehmensprozesse implementiert ist.

Es bedarf eines grundlegenden Umdenkens des Wirtschaftens und einer vorausschauenden Betrachtung der Geschäftstransformation, die durch Nachhaltigkeit bedingt wird. Durch die starke gegenseitige Abhängigkeit von Unternehmen und ihrer Umwelt, können beide Seiten von Nachhaltigkeit profitieren. Die Wirtschaft steht vor großen Herausforderungen, aus denen sich aber diverse Chancen ergeben: nachhaltigkeitsorientierte Unternehmens-strategien können die Quelle neuer Geschäftsmodelle sein und Wettbewerbs-vorteile schaffen. Kunden und Lieferanten achten vermehrt darauf, ob Unternehmen nachhaltig handeln. Durch einen effizienten Umgang mit Ressourcen und Energie reduzieren Unternehmen maßgeblich ihre Auswirkungen auf die Umwelt, sowie ihre Kosten.

Wie die zahlreichen Beispiele in dieser Arbeit belegen, existieren bereits Unternehmen, die es erfolgreich geschafft haben Nachhaltigkeit strategisch zu implementieren. Die aktuelle Lage zeigt jedoch, dass noch keineswegs genügend Unternehmen es bereits geschafft haben, die Thematik strategisch so anzugehen das damit die vorhandenen Potenziale eines effektiven Beitrags zur nachhaltigen Entwicklung abgeschöpft wird.

Die Quintessenz ist eindeutig: Nachhaltiges Wirtschaften ist notwendig und sinnvoll. Wichtig ist hierbei eine ganzheitliche Betrachtung der Nachhaltigkeit entlang der gesamten Wertschöpfungskette und eine strategische Vorgehensweise. Wenn alle Unternehmen damit beginnen konsequent bei ihrer sozialen, ökologischen und ökonomischen Verantwortung strategisch einen Schritt in Richtung Nachhaltigkeit zu wagen, ergibt sich ein Hebeleffekt, der positive Auswirkungen für unsere Gesellschaft und unsere Umwelt hat.

Abkürzungsverzeichnis

CS	Corporate Sustainability
CSR	Corporate Social Responsibility
ESG	Environmental, social and corporate governance
SDG	Sustainable Development Goals
WCED	World Commission on Environment and Development

Abbildungsverzeichnis

Literaturverzeichnis

Airpaq. (o. J.). Materials. Abgerufen 5. Januar 2020, von
https://deutsch.airpaq.de/pages/materials-1

Baumgartner, R. J. (2010). *Nachhaltigkeitsorientierte Unternehmensführung:
Modell, Strategien und Managementinstrumente*. München, Deutschland:
Rainer Hampp Verlag.

Bocken, N. M. P., Short, S. W., Rana, P., & Evans, S. (2014). A literature and
practice review to develop sustainable business model archetypes. *Journal
of Cleaner Production, 65*, 42–56.
https://doi.org/10.1016/j.jclepro.2013.11.039

Bosch. (o. J.). Nachhaltigkeit. Abgerufen 1. März 2020, von
https://www.bosch.com/de/unternehmen/nachhaltigkeit/nachhaltigkeit
sstrategie/

Bosch. (2019, Mai 9). *Klimaschutz: Bosch ab 2020 weltweit CO_2-neutral*
[Pressemeldung]. Abgerufen 25. März 2020, von https://www.bosch-
presse.de/pressportal/de/de/klimaschutz-bosch-ab-2020-weltweit-co2-
neutral-188800.html

Bundesministerium für Arbeit und Soziales. (o. J.). CSR - Nachhaltigkeit und
CSR. Abgerufen 2. Dezember 2019, von https://www.csr-in-
deutschland.de/DE/Was-ist-CSR/Grundlagen/Nachhaltigkeit-und-
CSR/nachhaltigkeit-und-csr.html

Bundesministerium für Umwelt, Naturschutz und nukleare Sicherheit. (o. J.).
Nachhaltige Entwicklung als Handlungsauftrag. Abgerufen 1. Februar
2020, von https://www.bmu.de/themen/nachhaltigkeit-
internationales/nachhaltige-entwicklung/strategie-und-
umsetzung/nachhaltigkeit-als-handlungsauftrag/

Deutscher Nachhaltigkeitspreis. (o. J.). Deutscher Nachhaltigkeitspreis: Henkel.
Abgerufen 17. Februar 2020, von
https://www.nachhaltigkeitspreis.de/unternehmen/preistraeger-
unternehmen/jubilaeumspreis-10-jahre-dnp/henkel/

Druckman, A., Chitnis, M., Sorrell, S., & Jackson, T. (2011). Missing carbon
reductions? Exploring rebound and backfire effects in UK households.
Energy Policy, 39(6), 3572–3581.
https://doi.org/10.1016/j.enpol.2011.03.058

Dyckhoff, H., & Souren, R. (2008). *Nachhaltige Unternehmensführung. Grundzüge industriellen Umweltmanagements.* Berlin, Heidelberg, Deutschland: Springer-Verlag. https://doi.org/10.1007/978-3-540-74053-7

Dyllick, T. (2004). Strategisches Nachhaltigkeitsmanagement — Auseinandersetzung mit Michael Hülsmann und Entwicklung einer alternativen Perspektive. In *Betriebswirtschaftslehre und Nachhaltigkeit* (S. 75–101). Wiesbaden, Deutschland: Deutscher Universitätsverlag. https://doi.org/10.1007/978-3-663-07732-9_3

EPEA. (o. J.-a). Stabilo. Abgerufen 1. März 2020, von https://epea.com/referenzen/stabilo

EPEA. (o. J.-b). Über uns. Abgerufen 1. März 2020, von https://epea.com/ueber-uns

EPEA. (o. J.-c). Cradle to Cradle. Abgerufen 1. März 2020, von https://epea.com/ueber-uns/cradle-to-cradle

Ernst & Young Global. (2018, August 29). How an integrated sustainability strategy can help you stand out. Abgerufen 2. Februar 2020, von https://www.ey.com/en_gl/assurance/how-an-integrated-sustainability-strategy-can-help-you-stand-out

Europäisches Parlament. (o. J.). Energieeffizienz | Kurzdarstellungen zur Europäischen Union | Europäisches Parlament. Abgerufen 1. März 2020, von https://www.europarl.europa.eu/factsheets/de/sheet/69/energieeffizienz

Eurpäisches Parlament. (1997, Oktober 2). Vertrag von Amsterdam. Abgerufen 1. Dezember 2019, von https://www.europarl.europa.eu/topics/treaty/pdf/amst-de.pdf

Freimann, J., & Walther, M. (2012). Von der Effizienz zur Konsistenz? In *Industrial Ecology Management: Nachhaltige Entwicklung durch Unternehmensverbünde* (1. Aufl., S. 187–204). Wiesbaden, Deutschland: Gabler Verlag. https://doi.org/10.1007/978-3-8349-6638-4

Gminder, C. U. (2007). *Nachhaltigkeitsstrategien systemisch umsetzen: Exploration der Organisationsaufstellung als Managementmethode.* Wiesbaden, Deutschland: Deutscher Universitätsverlag. https://doi.org/10.1007/978-3-8350-9055-2

Grundmann, M., & Deutsch Welle. (2018, April 12). Nur „Fast Fashion", oder geht es auch nachhaltig? Abgerufen 5. Januar 2020, von https://www.dw.com/de/umwelts%C3%BCnde-mode-nur-fast-fashion-oder-geht-es-auch-nachhaltig/a-43344256

Hardtke, A., & Prehn, M. (Hrsg.). (2001). *Perspektiven der Nachhaltigkeit: Vom Leitbild zur Erfolgsstrategie* (1. Aufl.). Wiesbaden, Deutschland: Gabler Verlag. https://doi.org/10.1007/978-3-322-90834-6

Henkel. (o. J.-a). Marken & Unternehmensbereiche. Abgerufen 5. März 2020, von https://www.henkel.de/marken-und-unternehmensbereiche

Henkel. (o. J.-b). Strategie. Abgerufen 4. Februar 2020, von https://www.henkel.de/nachhaltigkeit/nachhaltigkeitsstrategie

Henkel. (o. J.-c). Unternehmen. Abgerufen 14. Februar 2020, von https://www.henkel.de/unternehmen

Henkel. (o. J.-d). Unternehmen. Abgerufen 5. März 2020, von https://www.henkel.de/unternehmen/unternehmens-kultur#Tab-724234_4

Henkel. (o. J.-e). Unternehmen. Abgerufen 5. März 2020, von https://www.henkel.de/unternehmen/unternehmens-strategie#Tab-1041394_1

Henkel. (2019). *Nachhaltigkeitsbericht 2018.* Abgerufen von https://www.henkel.de/resource/blob/912596/87915812fc0a7a8a0ffb9fb20cf7058f/data/2018-nachhaltigkeitsbericht.pdf

Hertwich, E. G., Ali, S., Ciacci, L., Fishman, T., Heeren, N., Masanet, E., ... Wolfram, P. (2019). Material efficiency strategies to reducing greenhouse gas emissions associated with buildings, vehicles, and electronics—a review. *Environmental Research Letters, 14*(4). https://doi.org/10.1088/1748-9326/ab0fe3

HiPP. (2018). *Nachhaltigkeitsbericht HiPP Deutschland 2018*. Abgerufen von https://www.hipp.de/fileadmin/redakteure/Medien/UeberHiPP/Sonderf ormat/Nachhaltigkeitsbericht_2018_Deutschland.pdf

H&M. (o. J.). Upgrade für dein Oberteil. Abgerufen 15. Dezember 2019, von https://www2.hm.com/de_de/kampagnen/takecare.html#/upgrade-fr-dein-oberteil

Johnson, G., Scholes, K., & Whittington, R. (2008). *Exploring Corporate Strategy* (8. Aufl.). Harlow, England: Financial Times Prentice Hall.

Kramer, M., & Porter, M. E. (2006). Strategy and Society: The Link Between Competitive Advantage and Corporate Social Responsibility. *Harvard Business Review, 84*(12), 78–92. Abgerufen von https://www.sharedvalue.org/sites/default/files/resource-files/Strategy_and_Society.pdf

Lauber, A. (2017). *Strategische Corporate Social Responsibility*. Berlin, Deutschland: LIT Verlag.

McKinsey & Company. (2014). *McKinsey Global Survey results: Sustainability's strategic worth*. Abgerufen von https://www.mckinsey.com/~/media/McKinsey/Business%20Functions /Sustainability/Our%20Insights/Sustainabilitys%20strategic%20worth %20McKinsey%20Global%20Survey%20results/Sustainabilitys%20strat egic%20worth%20McKinsey%20Global%20Survey%20results.ashx

MPowerd. (o. J.-a). A little about us. Abgerufen 10. März 2020, von https://mpowerd.com/pages/a-little-about-us

MPowerd. (o. J.-b). Impact Main. Abgerufen 10. März 2020, von https://mpowerd.com/pages/impact-main

Ökologische Nachhaltigkeit. (2018). In *Wirtschaftslexikon Gabler*. Abgerufen von https://wirtschaftslexikon.gabler.de/definition/oekologische-nachhaltigkeit-53450/version-276539

Ökonomische Nachhaltigkeit. (2018). In *Wirtschaftslexikon Gabler*. Abgerufen von https://wirtschaftslexikon.gabler.de/definition/oekonomische-nachhaltigkeit-53449/version-276538

Opel. (o. J.). Recycling | Strategien & Verfahren | Opel Deutschland. Abgerufen 6. Januar 2020, von https://www.opel.de/ueber-opel/nachhaltigkeit/recycling.html

Palzkill, A., & Schneidewind, U. (2015). Suffizienz und Unternehmen – ein Paradox? *uwfUmweltWirtschaftsForum*, *23*(4), 1–2. https://doi.org/10.1007/s00550-015-0354-7

Porter, M. E. (1986). *Wettbewerbsvorteile (Competitive Advantage): Spitzenleistungen erreichen und behaupten*. Frankfurt am Main, Deutschland: Campus Verlag.

Porter, M. E. (1996). Whatisstrategy? *Harvard Business Review*, *74*(6), 61–78. Abgerufen von https://hbr.org/1996/11/what-is-strategy

Recycling. (2018). In *Wirtschaftslexikon Gabler*. Abgerufen von https://wirtschaftslexikon.gabler.de/definition/recycling-44989/version-268290

rePET. (o. J.). Was istrePET. Abgerufen 1. März 2020, von https://www.repet.com/

Rose, C., &Stegemann, J. (2018). From Waste Management to Component Management in the Construction Industry. *Sustainability*, *10*(1), 229. https://doi.org/10.3390/su10010229

Ruter, R. X. (2017, Juli 14). Chefsache: Soziale Verantwortung ist ein Erfolgsfaktor im Wettbewerb. Abgerufen 4. Dezember 2019, von https://www.business-wissen.de/artikel/chefsache-soziale-verantwortung-ist-ein-erfolgsfaktor-im-wettbewerb/

Santa Clara University. (2015, Oktober 5). New Strategies for Corporate Social Responsibility. Abgerufen 16. Februar 2020, von https://www.scu.edu/ethics/focus-areas/business-ethics/resources/new-strategies-for-corporate-social-responsibility/

Schaltegger, S., Freund, F. L., & Hansen, E. G. (2012). Business cases for sustainability: the role of business model innovation for corporate sustainability. *International Journal of Innovation and Sustainable Development*, *6*(2), 95–119. https://doi.org/10.1504/ijisd.2012.046944

Schneidewind, U., Palzkill-Vorbeck, A., & Wuppertal Institut für Klima, Umwelt, Energie GmbH. (2011). *Suffizienz als Business Case: Nachhaltiges Ressourcenmanagement als Gegenstand einer transdisziplinären Betriebswirtschaftslehre*. Abgerufen von https://www.researchgate.net/publication/241770010_Suffizienz_als_Business_Case_Nachhaltiges_Ressourcenmanagement_als_Gegenstand_einer_transdisziplinaren_Betriebswirtschaftslehre

Statista. (2019). *Erhöhte Ausgabebereitschaft für umweltfreundliche Produkte in Deutschland 2019* [Datensatz]. Abgerufen von https://de.statista.com/statistik/daten/studie/181353/umfrage/erhoehte-ausgabebereitschaft-fuer-umweltfreundliche-produkte/

Umweltbundesamt. (2018). *Die Nutzung natürlicher Ressourcen: Bericht für Deutschland 2018*. Abgerufen von https://www.umweltbundesamt.de/sites/default/files/medien/3521/publikationen/deuress18_de_bericht_web_f.pdf

United Nations. (o. J.). About the Sustainable Development Goals. Abgerufen 1. Dezember 2019, von https://www.un.org/sustainabledevelopment/sustainable-development-goals/

United Nations. (1987). *Report of the World Commission on Environment and Development: Our Common Future*. Abgerufen von https://netzwerk-n.org/wp-content/uploads/2017/04/0_Brundtland_Report-1987-Our_Common_Future.pdf

United Nations. (2015). *Paris Agreement*. Abgerufen von https://unfccc.int/files/meetings/paris_nov_2015/application/pdf/paris_agreement_english_.pdf

van Marrewijk, M. (2003). Concepts and Definitions of CSR and Corporate Sustainability: Between Agency and Communion. *Journal of Business Ethics, 44*(2), 95–105. https://doi.org/10.1023/a:1023331212247

Von Hauff, M. (2011). *Nachhaltigkeit - ein Erfolgsfaktor für mittelständische Unternehmen: Anforderungen an Politik, Gewerkschaften und Unternehmen*. (Abteilung Wirtschafts- und Sozialpolitik der Friedrich-Ebert-Stiftung, Hrsg.). Bonn, Deutschland: Friedrich-Ebert-Stiftung.

Weber, J., Georg, J., Janke, R., & Mack, S. (2012). *Nachhaltigkeit und Controlling* (1. Aufl., Bd. 80). Weinheim, Deutschland: Wiley-VCH.

Wesselak, V., Schabbach, T., Link, T., & Fischer, J. (2013). *Regenerative Energietechnik* (2. Aufl.). Heidelberg, Deutschland: Springer Vieweg. https://doi.org/10.1007/978-3-642-24165-9

WWF Schweiz. (o. J.). WWF-Rating der Bekleidungs- und Textilindustrie. Abgerufen 24. Februar 2020, von https://www.wwf.ch/de/unsere-ziele/wwf-rating-der-bekleidungs-und-textilindustrie

WWF Schweiz. (2017). *Changing fashion: The clothing and textile industry at the brink of radical transformation: Environmental rating and innovation report 2017.* Abgerufen von https://www.wwf.ch/sites/default/files/doc-2017-09/2017-09-WWF-Report-Changing_fashion_2017_EN.pdf

Zorzini, M., Hendry, L. C., Huq, F. A., & Stevenson, M. (2015). Socially responsible sourcing: reviewing the literature and its use of theory. *International Journal of Operations & Production Management, 35*(1), 60–109. https://doi.org/10.1108/ijopm-07-2013-0355

Zweifel, T. D., &Borey, E. J. (2016). *Strategie in Aktion: In sieben Schritten zur Unternehmensstrategie und -umsetzung: Planung, Führung, Leistung im Einklang* (1. Aufl.). Wiesbaden, 2016: Springer Gabler. https://doi.org/10.1007/978-3-658-04984-3